駅ナカ、駅マエ、駅チカ温泉

鉄道旅で便利な全国ホッと湯処

鈴木弘毅
Suzuki Hiroki

交通新聞社新書 114

はじめに

　それは、ライターとしての収入が安定せず、臨時のアルバイトで日銭を稼いでいたときのことでした。アルバイト先でも「旅好き」で通っていた私に、不意に上司が「ひとりで泊まれる温泉旅館を探しているんだけど、いいところを知らない？」と声をかけてきました。私は確かに旅好きなのですが、車で出かけるときにはほぼ100％車中泊で、公共交通機関を利用する場合にはシュラフを担ぐか、サウナやカプセルホテルなどに宿泊することが多く、いわゆる温泉旅館に関しては多くの引き出しを持ち合わせていません。残念ながら、上司の期待に応えることはできませんでした。その代わりに、私の脳裏に豆電球のようなひらめきの灯がともりました。

　――そうか、温泉旅館は「おひとりさまおことわり」なのか――

　事件や事故防止、とりわけ自殺防止の観点から、温泉旅館ではひとり客を敬遠する場合が多いと、噂では聞いたことがありました。しかし、致命的な経験不足から、実感が湧かなかったのです。学生時代から旅先では日帰り温泉施設で汗と疲れを流してきたとはいえ、私のようにバックパッカー志向の旅人はごく少数。上司の話を聞くまでは、温泉をテーマにした著作の発案には至りませんでした。

――もしかしたら、これまでに積み重ねてきた引き出しを開けることで、新たな旅のスタイルを提唱できるかもしれない――

日帰り温泉を上手に活用すれば、ひとりでも気軽に温泉旅行を楽しめるのではないか。温泉旅館に泊まるよりも、費用の面でも安くあがるのではないか。温泉街のムードを、湯と一緒に楽しめるのではないか。そう思い至ったのです。なお、これは10年以上前の話であり、その後のインターネットの普及などにより、現在はひとりでも泊まれる温泉旅館を簡単に探せるようになっています。

それから長い年月を費やして企画を練っては直し、ようやく実を結んだのが本書です。本書では、鉄道駅構内・駅前・駅からごく近い場所（徒歩5分以内）で営業する日帰り温泉施設（温泉銭湯や無人の外湯などを含む）に焦点を絞って紹介していきます。鉄道にスポットを当てたのは、近年「駅そば」の書籍や雑誌記事などを執筆する機会が多く、必然的に鉄道駅周辺の日帰り温泉施設を利用する機会が増え、鉄道と温泉のコラボによって生み出される魅力を強く感じていたためです。なお、本書においては、「駅ナカ」とは鉄道駅とひと続きになった建物内を指します。「駅構内」の表記も同様です（「改札内」という意味ではありません)。「駅マエ」は、駅を出た時点で視認することができ、なおかつ徒歩1分以内で到着できる場所を指します。

駅ナカ・駅マエ・駅チカ温泉は、本書に掲載している以外にも数多くあります。事前調査の段階では、約150軒がヒットしました。日帰り入浴可能なホテルなどを含めると、さらに多くなります。その中から、私がこれまでに利用して気に入った施設や、地域性・利便性・泉質・料金などの面に特徴があり、ぜひこの機会に訪れてみたかった施設などを中心に、57か所を選ばせていただきました。

なお、本書掲載の情報は、すべて取材時点(主として2017年3~8月)におけるものです。その後リニューアルや料金改定等が実施される場合もありますので、ご了承ください。また、入浴料や営業時間等のデータつきましては、曜日・在住地・年齢などによって料金が異なる施設や、季節や曜日などによって営業時間が異なる施設が多く、すべて記載すると煩雑になるため、割愛させていただきました。本文内に料金の記載がある場合には「大人・平日・一般・通常時間帯」、営業時間の記載がある場合には「通常期・平日」で記載しております。見出しの脇に各施設の連絡先を記載しましたので、定休日等の営業情報詳細については電話にてお問い合わせいただければ幸いです。

駅ナカ、駅マエ、駅チカ温泉――目次

第2章　東北

第3章　関東

第4章　中部

第5章　近畿

第6章　中国・四国

第7章　九州

序章

鉄道と温泉の強力タッグで生まれる魅力

●駅ナカ・駅マエ・駅チカならではの機動性

――行きはよいよい、帰りはこわい――

これが、温泉旅行の落とし穴です。温泉入浴は想像以上に体力を消耗するもので、上がった後に「ちょっとひと休み」を繰り返して、その後の予定が狂うことがよくあります。温泉旅館に泊まって、翌朝は早くにチェックアウトして観光しようと思っていたのに、朝風呂に浸かったらすっかり脱力してしまい、結局10時のチェックアウトぎりぎりまで部屋でゴロゴロしてしまった経験がある人も多いのではないでしょうか。日帰り温泉でも同じことです。風呂上がりに大広間で、座布団をふたつに折りたたんだ枕で横になったが最後、気づいたら夕方になっていた、などという経験をしたことがある人もいるでしょう。温泉旅行を最大限に楽しむコツは、湯に浸かった後にはあまり予定を詰め込まず、ゴロゴロしてしまうことを最初から想定しておくことだと思います。

その点、駅ナカ・駅マエ・駅チカ温泉であれば、後が楽です。「駅に近い＝行くのに便利」と考えがちなのですが、私は「行きやすい」よりも「帰りやすい」ほうが大きな魅力だと思っています。退館してから長々と歩いて、バスに揺られてようやく駅前に出ると考えると、つい億劫になって根が生えたように腰が上がらなくなるのです。退館してすぐに

ホームから直接温泉施設に入れる水沼駅（→86ページ）

列車旅を続けられる施設なら、意外にスッと腰が上がるものです。多くの駅ナカ・駅マエ・駅チカ温泉施設には、ロビーや脱衣所などに列車の時刻表が掲示されていますので、これを参考にしながら入浴を楽しむとよいでしょう。

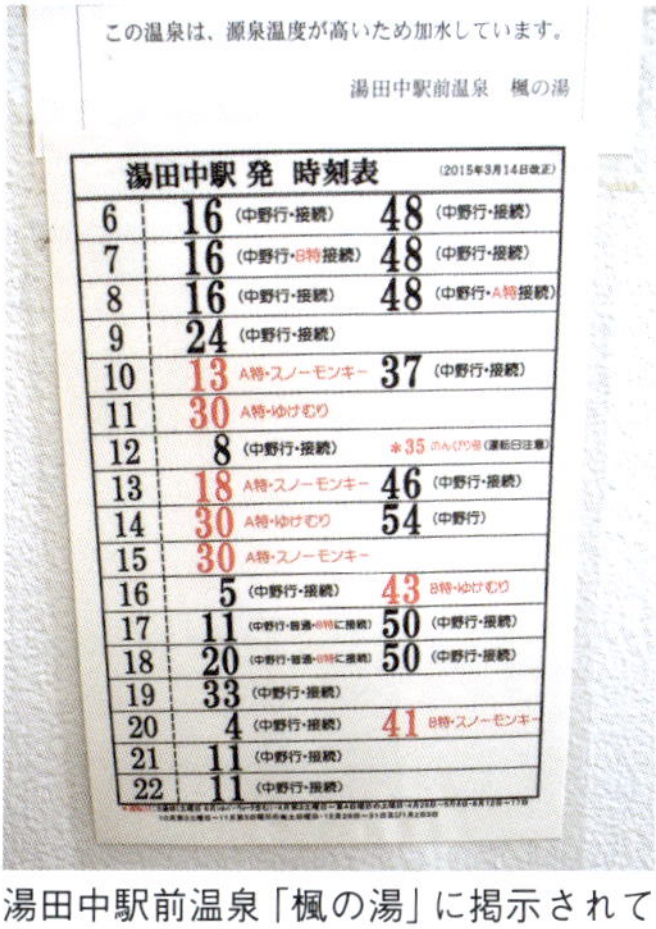

この温泉は、源泉温度が高いため加水しています。

湯田中駅前温泉　楓の湯

湯田中駅 発 時刻表 (2015年3月14日改正)

6	16	(中野行・接続)	48	(中野行・接続)
7	16	(中野行・B特接続)	48	(中野行・接続)
8	16	(中野行・接続)	48	(中野行・A特接続)
9	24	(中野行・接続)		
10	13	A特・スノーモンキー	37	(中野行・接続)
11	30	A特・ゆけむり		
12	8	(中野行・接続)	＊35	のんびり号 (運転日注意)
13	18	A特・スノーモンキー	46	(中野行・接続)
14	30	A特・ゆけむり	54	(中野行)
15	30	A特・スノーモンキー		
16	5	(中野行・接続)	43	B特・ゆけむり
17	11	(中野行・普通・B特に接続)	50	(中野行・接続)
18	20	(中野行・普通・B特に接続)	50	(中野行・接続)
19	33	(中野行・接続)		
20	4	(中野行・接続)	41	B特・スノーモンキー
21	11	(中野行・接続)		
22	11	(中野行・接続)		

湯田中駅前温泉「楓の湯」に掲示されている時刻表（→120ページ）

もちろん、行きやすさも魅力のうちです。とくに雨天日などにはとてもありがたい存在になります。旅行の計画を立てるときに、意外と想定から漏れやすいのが、天候。かといって、最初から雨の心配ばかりしながら予定を立てるのもつまらないものです。それならば、駅ナカ・駅マエ・駅チカ温泉に立ち寄る予定にしておけば、晴れたら晴れたでラッキー、雨に降られても不幸中の幸いと思えるでしょう。このように、駅ナカ・駅マエ・駅チカ温泉には、機動性という大きな魅力があるのです。

●都市型施設と地方の施設、それぞれの利点

ボーリングの技術・精度向上などにより、近年では都市部にも多くの日帰り温泉施設がオープンしています。日帰り温泉のチェーン店も増えてきました。なかには、多くの温泉施設が温泉水をたくさん汲み上げたことで地盤沈下が懸念され、これ以上新規の温泉掘削ができない状態になっている街もあるほど、多くの施設がオープンしています。

「温泉」という響きから、「地上に汲み上げた時点で温かいもの」という印象を抱きがちですが、実は水道水のように冷たい温泉も存在します。「温泉」とは、１９４８年に制定された温泉法により、

①泉源の水温が25度以上のもの
②規定以上の成分を含むもの（19種の特定成分のうちひとつでも満たせばOK）

のどちらかを満たすものと定義されています。つまり、成分を含まなくても温かければ温泉で、冷たくても成分を含んでいれば温泉なのです。成分を含んだ地下水脈はいたるところにあるので、深く掘る技術と各都道府県知事の許可があれば、都市部でも高確率で温泉が出るわけです。

都市型の日帰り温泉は、都市部に暮らす人々に温泉をより身近に感じさせる存在になっています。しかし、都市部では道路混雑が激しく、車での移動にはあまり向きません。また用地確保の難しさから、駐車場を備えていない施設も多くあります。無理に車で訪問すると、渋滞でイライラしたうえコインパーキングで出費がかさむことになります。反対に、都市部の鉄道は便がよいので、都市部では駅チカ温泉の価値が高いと言えるでしょう。

地方では、無人駅を改築して駅ナカ温泉を併設したり、温泉施設が先にオープンして、後から近くに鉄道アクセス駅を設置したりといった、街や地方鉄道の活性化を視野に入れたケースが多くみられます。我々旅行者にとっては、これらの施設がオープンすることで、なかなか行く機会がなかった街、なかなか乗る機会がなかった鉄道路線を訪れる機会につながり、鉄道旅行の楽しみが増えました。ローカル鉄道には特有の魅力があるものですが、便が少なく、「へたに列車を降りると2時間待ちになるから、降りるのはやめて通過するだけにしよう」と考えてしまうことがよくあります。温泉施設があれば、長い待ち時間の潰し方に困ることなく途中下車の旅を楽しめます。

また、地方鉄道を中心に、沿線の温泉施設の入浴料と乗車券がセットになった企画切符の販売や、鉄道と温泉を両方利用することで割引となるサービスを実施していることもあります。秋田内陸縦貫鉄道では、6つの温泉施設の入浴料が割引になり、さらに帰りの運賃が無料になる「湯けむりクーポン」を発売しています。たとえば、鷹ノ巣駅から阿仁前田駅まで乗って、「クウィンス森吉」（↓54ページ参照）で入浴して鷹ノ巣駅に戻る場合、通常運賃と入浴料の合計は、1780円。しかし、「湯けむりクーポン」なら1040円とたいへんお得に利用できるのです。平成筑豊鉄道の1日乗車券「ちくまるキップ」も、なかなかのお得感です。1日全線乗り放題の切符で、価格は1000円。そしてなんと、この切符だけで「源じいの森温泉」（↓202ページ参照）を利用できるのです。また、源じいの森温泉は、列車内で配布する乗車証明書を提示することで、ちくまるキップを持っていなくても100円引きで入浴できます。このような企画乗車券や割引サービスはほかの鉄道会社でも設定がありますので、公式ホームページなどをチェックするとよいでしょう。

●風呂上がりにうれしい、キンキンに冷えたヤツ

車で日帰り温泉を利用する場合、帰りの運転がネックになる場合があります。風呂上がりに「生ビールあります」の貼り紙を見て、ゴクリと生唾を飲み込んだ経験がある人も多いのではないでしょうか。個人的には、「風呂上がりに冷たいビールを飲める」ということが、鉄道旅で訪れる駅ナカ・駅マエ・駅チカ温泉の最大の魅力だと感じています。近年ではノンアルコールビールを用意する温泉施設も増えていますが、やはり本物のビールには敵いません。

地域の地ビールを扱う施設もあります。施設内に食事処などがなくても、駅チカ温泉なら周辺に飲食店などがたくさんあります。各地の郷土料理のなかには、食事と

「ほっとゆだ」で、２種の銀河高原ビールを堪能（→50ページ）

してよりも酒のアテのほうが好適なものも数多くあります。帰りの運転から解放されることは、ビール自体だけでなく、料理を楽しむうえでも強みになるのです。

ちなみに私は、駅チカの温泉銭湯や外湯など食事処がない施設で入浴したときには、上がった後でスーパー（付近にない場合には酒店やコンビニエンスストア）に立ち寄ります。スーパーの酒類コーナーには、地域の地ビールを豊富に置いていることが多く、自分好みの銘柄を安く手に入れられるのです。買った地ビールは、その場で飲むもよし、列車に持ち込んで飲むもよし。スーパーなら、アテになるような惣菜もたくさん揃えています。移動しながら酒を飲めるのも、鉄道旅ならではの魅力でしょう。

酒の話が出てきたところで、ひとつだけ注意点を。風呂上がりのビールはおいしいものですが、飲酒後の入浴・再入浴は控えましょう。ほかのお客さんの迷惑になるばかりか、心臓発作や不整脈を招く恐れがあります。さらには、過度な血圧低下によって浴槽内で気を失い、溺れる危険性もあります。厚生労働省は、年間で約1万9000人が入浴中の事故で死亡しているとの推計を発表しています。そのなかでも多いのが、溺死です。多くの温泉施設が泥酔者の入館を禁止していることには、事故防止という側面もあるのです。酒は入浴後に、ほどほどに楽しみましょう。

第1章

北海道

ニセコ駅

ニセコ駅前温泉「綺羅乃湯」

メルヘンチックな街のスタイリッシュな駅マエ温泉

JR函館本線ニセコ駅前　☎0136-44-1100

夏は避暑に、冬はスキーに。ニセコ駅には、一年を通して多くの観光客が降り立ちます。ニセコ町の中心市街地は駅前から長い坂道を上ったところに開けているため、駅前は空が広い開放的な雰囲気。間近に名峰ニセコアンヌプリを望み、周辺には緑が多く、新鮮な空気を思いっきり吸い込みたくなります。

深呼吸を終えて正面を向くと、打ちっ放しのコンクリートとガラス張りを組み合わせた建物が目に留まります。美術館のように思えるこの建物が、実は日帰り温泉施設「綺羅乃《きらの》湯《ゆ》」なのです。一瞬、「いったいいくら取られるのだろう?」と怖気づいてしまうのですが、実際にはワンコインの500円で入れるリーズナブルな施設です。

館内は天井が高く、閉塞感がありません。浴室は、浴槽の注ぎ口が湯面下にあるため、

デザイン性が高く、気品に富む温泉外観

奥の植え込みには、ハクセキレイが頻繁にやって来る

静謐で穏やかな雰囲気。浴槽から音をたてることなく湯があふれ出ているさまは、中国の景勝地・黄龍《こうりゅう》のような雰囲気を感じました（黄龍に行ったことはないのですが）。

とくに印象深かったのは、露天風呂。それほど空間は広くないものの、奥にちょっとした植え込みを配置し、高い壁を打ちっ放しのコンクリートにすることで、物理的な空間の広さ以上の開放感を覚えます。狭い部屋に観葉植物を置くと広く感じるのと同じような視覚効果がありそうです。泉質は、ナトリウム-塩化物・炭酸水素塩泉。無色透明・無味無臭で、中性。癖がなく、肌になじみやすい湯でした。

館内には食事処がない（パン屋が入店しているが、訪問した日は定休日だった）ので、大広間でひとしきり休んでから、ニセコ駅へ。駅舎は、この辺りの中間駅としてはずいぶん大きな建物で、「アルプスの山小屋」を連想させる造り。駅舎内には、鉄道ファンの間で有名なカレー店「茶房 ヌプリ」も入っています。ずっと気にしていたのですが、これまでなかなか時間が合わず、食べることができないでいました。ようやく、初訪問です。

アンティークな店内は、綺羅乃湯の空間を広く見せる造りとはうって変わって、雑然とした雰囲気。壁掛け時計が10個以上並び、そのほとんどが、東日本大震災を連想させる14時46分で止まっています。棚の中には、大小さまざまな置き物がギッシリ。テーブルは、よくよく見ると足踏み式のミシンになっています。

数種類のカレーメニューの中から、地元産の長芋と自家製ベーコンを使用した「長芋とベーコンカレー」をチョイス。ひと口頬張っての印象は、「これはカレーライスではなくハヤシライスなのでは?」でした。野菜の甘み・旨味が強く出ていて、とてもまろやかなのです。しかし、ゴクリと飲み込むと、あとに残るのはスパイスの香り。「あぁ、これはカレーだ」と思い直します。函館の老舗「五島軒」のカレーをさらに煮詰めたような味わいで、シルクハットとカイゼル髭が似合いそうな、気品を感じる一皿。ベーコンの濃厚な旨味はカレーにしっかりマッチし、焼き目をつけた長芋のシャリシャリした食感もよいアクセントになっていました。

景観によく似合う駅舎

サラダが付いて1080円

谷地頭駅

♨

谷地頭温泉「谷地頭温泉」

民営化でさらなる進化を遂げた、巨大な温泉銭湯

函館市電谷地頭駅から徒歩3分　☎0138-22-8371

路面電車が走る街には、独特な情緒があります。古めかしい車両がギギギギと車輪をきしませながら交差点を曲がるシーンを見ると、旅情が格段に高まるものです。車両のバリエーションに富むのも魅力で、新型車両に乗った後に旧型車両がやって来ると、「お、こっちも乗ってみよう！」という衝動に駆られます。

なかでも函館市電は、港町の風情と西洋レトロの雰囲気を両方楽しめます。私がとくに好きなのは、ふたつの路線が分岐する十字街駅付近と、坂道を下って終着駅に至る谷地頭《やちがしら》駅付近。ほかの地域の路面電車にはない、個性的な情緒があります。

その谷地頭駅から徒歩3分ほどのところに、巨大な温泉浴場「谷地頭温泉」があります。かつては函館市営だったのですが、2013年に民営化されました。なるほど、間口

函館山を背景に眺めると実に絵になる

露天風呂は五稜郭をイメージした形状

上部の表示から「市営」の文字が外されています。民営化に際しては、危惧を抱いた人も少なくありませんでした。値上げするのではないか、素朴な雰囲気が失われるのではないか、観光客が増えて利用マナーが悪化するのではないか、などという噂が流れました。しかし、今回訪れてみた限りでは、古きよき公共浴場の雰囲気を保ちつつ、食事処の新設やサービス向上で進化しているように感じました。入浴料も、銭湯料金の420円。

巨大な浴室には、ずらりと並んだ洗い場が約80人分。浴槽も、温度別に分かれた3つの主浴槽に加えて露天風呂もあり、民営化に合わせてサウナと水風呂も新設されました。朝から多くのお客さんでにぎわい、湯気がもうもうと立って浴室内がうっすらと煙り、古代ローマ風呂のような荘厳さを感じさせます。

茶色く濁った湯は塩分を多く含み、浸かると体を急速に温めてくれます。すぐにのぼせるので、あまり長湯向きではありません。だからこそ、リゾート型の日帰り温泉施設よりも、サッとひと風呂浴びるイメージの公共浴場がよく似合うのです。

風呂上がりには、民営化に伴って新設された食事処で軽食をとれます。食事処のみの利用も可能（入館料不要）。函館駅や五稜郭駅の駅そば店が撤退してしまった今、市内では貴重な軽食店として、地元のサラリーマンなどが昼食を目当てにやって来るのだそうです。

終着駅にしかない風情に富む

シンプル・イズ・ベスト！

私は、函館に来ると無性に食べたくなる「塩ラーメン」（４５０円）をいただきました。安価なラーメンなのでとくに期待していなかったのですが、モヤシの旨味でスープにまろやかさが加わり、かつて松風町駅近くにあったラーメン店「王さん」に近い味わいでした。「王さん」は、函館市近郊出身の私の父が学生時代に足しげく通った店で、私も父から話を聞いて一度食べに行ったことがあります。最初のひと口で旨味がガツンとくるようなパンチ力はないのですが、食べ進めるたびにモヤシの旨味がじんわりと体に染みわたり、全部食べ終えてから「あぁ、おいしかった」とひと息つきたくなる味わいです。「王さん」は、２０１０年に惜しまれながら閉店。もう食べられないんだなと諦めていただけに、懐かしく思い出されました。

湯の川駅

湯の川温泉「大盛湯」

地元住民も観光客も虜にする、アツイ湯の温泉銭湯

函館市電湯の川駅から徒歩2分　☎0138-57-6205

谷地頭とは反対側の市電終着駅・湯の川駅周辺には、湯の川温泉の温泉街が広がっています。高層ホテル群の華やかさがありますが、どこか現実離れした違和感も覚えます。高層ホテルの存在感が強すぎて、いまひとつ街並みになじまないように感じるのでしょうか。

温泉街周辺に点在する公共浴場のうち、電車通りの２本裏の路地にある「大盛湯《たいせいゆ》」と、電車通り沿いにある「山内温泉」が、湯の川駅から徒歩５分圏内にあります。山内温泉は２０１０年に一度入浴したことがあるので、今回は大盛湯に行ってみることにしました。

大盛湯は、戦前（当時は「青木浴場」と呼ばれていた）からこの地で親しまれてきた浴場です。１９５４年の大火で焼失し、建て直した際に「大盛湯」と名を変え、現在に至っています。建物は１９９１年に新装したもの（浴室はその後２００４年に改装している）

で、それほど時代を感じさせる造りではありません。ガラスの引き戸をカラカラと開けると正面に小窓の開いた番台があり、４４０円を支払って右手の男湯に入ります。

浴槽は、温度別に３つに分かれています。熱い源泉が向かって左端の湯船に注がれ、あふれて中央の湯船に流れ込み、さらにあふれて右の湯船に流れ込む。その過程で少しずつぬるくなっていきます。源泉ひとつで、加水することなく温度を分けているのです。

うめる場合、右端の浴槽を使うのがルール

山内温泉も源泉かけ流しでかなり熱い

それにしても、熱い。一番ぬるい浴槽でも、45度くらいありそう。私はうめないと入れません。しかし、実はこの熱さが人気の秘訣なのです。ちょうど居合わせた東京からの出張サラリーマンも、「ホテルの風呂はぬるいから、毎回大盛湯に入りに来ている」と言っていました。

桑園駅

天然温泉やすらぎの湯「北のたまゆら 桑園」

リゾート級の施設を銭湯料金で。お得感満点の日帰り温泉

JR函館本線ほか桑園駅から徒歩1分 ☎011-611-2683

札幌には、多くの駅チカ温泉があります。札幌駅の隣・桑園《そうえん》駅近くには、「天然温泉やすらぎの湯 北のたまゆら 桑園」があります。反対側の隣駅・苗穂駅近くにも「苗穂駅前温泉 蔵ノ湯」があります。桑園から札沼線で北上すれば、あいの里教育大駅近くに「札幌あいの里温泉 なごみ」。大通からすすきのにかけての繁華街にも、「すすきの天然温泉 湯香郷《とうかきょう》」や「こみちの湯 ほのか」があります。その多くが、比較的新しく、規模の大きな施設。札幌は、知る人ぞ知るスーパー銭湯型駅チカ温泉の宝庫なのです。

北のたまゆら 桑園も、４４０円で入れるのが信じられないくらいに大きな施設でした。70席近くもの洗い場があり、浴槽も天然温泉使用の主浴槽に加えて電気風呂・ジェットバス・露天風呂にサウナ・水風呂まで完備。風呂上がりには広間の休憩室でのんびり休めま

す。もちろん食事の提供もあり、食事のみでの利用も可能（入館料不要）です。

私が気に入ったのは、大画面のテレビが設置された露天風呂。なんと、テレビを見ながら天然温泉の湯に浸かることができるのです。湯温は、熱くもなくぬるくもなく。これなら、何時間でも入っていられそうです。市街地にあるだけに、予定がたて込んでいてあまり時間がないタイミングで利用しがちなのですが、欲を言えば、1日の予定がすべて終わった後、時間を気にせずのんびりできるタイミングで訪れたいものです。泉質は、さらりとしたナトリウム-塩化物泉。湯上がりに肌が少しモチッとするのは、ナトリウム泉ならでは。都市型施設の強みを生かして、朝早く（7時）から夜遅く（25時）まで営業しています。

車でやって来る人も多い

テレビ付き露天風呂は、ひょうたん型

仁山駅

ニヤマ温泉「あじさいの湯」

新幹線の隣駅で、秘境気分を楽しめる駅マエ温泉

JR函館本線仁山駅前　☎0138-65-1110

北海道新幹線の開業に沸く函館エリア。しかし、新函館北斗駅は函館市の中心市街地からだいぶ離れたところ（旧渡島《おしま》大野《おおの》駅）に開業し、市街地が空洞化するのではないかと指摘されています。その一方で、新幹線開業の恩恵を大きく受けそうなのが、大沼公園のエリアです。大沼公園周辺では、バブル期に建設された遊園地や宿泊施設などが次々に閉鎖され、ゴーストタウンのようになっています。新幹線開業によって観光客が増え、観光地として再興することが期待されています。

仁山駅は、新函館北斗駅と大沼駅の間にある無人駅。新幹線が乗り入れる新函館北斗駅付近は急ピッチで開発が進められていますが、こちらはほとんど手つかず。駅に降り立っても、ニヤマ温泉「あじさいの湯」を含むリゾート施設があるほかに、人家の類はまった

板張りのホームに、2両編成の列車が入線

く見当たりません。緑の木立とヒグラシの鳴き声に包まれた、ちょっとした秘境駅です。時折、遠くのほうから草刈り機のモーター音も聞こえてきます。木立の先には、田畑が広がっているのでしょう。古く大きな駅舎が残っていることもあり、鉄道ファンの間で人気が高い駅でもあります。私が訪れたときにも、カメラを提げた鉄道ファンの姿をちらほらと見かけました。

あじさいの湯は複合型リゾート施設の一角にある駅マエ温泉ですが、オフシーズン（訪問は6月）には車でやって来る近隣住民の利用が大半で、駅や車両の写真を撮り終えた鉄道ファンは立ち寄らずに去っていきます。林間のイメージにマッチした、ほのぼのした施設です。

入浴料は、410円。北海道の日帰り温泉は全体的に安いので、バックパッカーにはとくにオススメです。正面入口から入ると、すぐに下足箱があり、その脇に入浴券の券売機。ここでチケットを買って受付に渡すのですが、肝心の受付が無人になっていることもしばしば。みな、チケットを受付に用意された箱に入れて館内へ。のんびりしていますね。

浴室は、洗い場の数は少ないものの、浴槽は充実しています。内湯がふたつと、露天風呂。加えて、サウナと水風呂も完備。以前に訪問したときには内湯・露天とも適温でしたが、今回は露天風呂が人肌程度にぬるく、ややもすれば「冷たい」と言ってもいいくらいでした。38・8度の源泉を、加温せずに注いでいるのでしょうか。私は露天で長湯を楽しむのが好きなので、ぬるい露天風呂は大歓迎です。湯船からは常に湯があふれ出ていて、源泉かけ流しであることが分かります。あふれ出た湯が排水溝に吸い込まれていくコポコポという音が、ヒグラシの鳴き声と草刈り機の音の間に割って入り、癒し効果を感じました。仕上げに内湯でしっかり体を温めて、全身リフレッシュの完了です。

以前は、館内に豆腐の販売所があり、休憩室で冷奴などを食べることができました。しかし、豆腐店が廃業してしまったため、現在はやっていないとのこと。これを楽しみにしての再訪だったので、ちょっと残念。オフシーズンとはいえ客数も少なく、やや寂れてしまったのかなと感じました。

一方では、新たな魅力を発見しました。施設を出て駅に向かおうとすると、地元のお爺さんが「この場所から、新函館北斗駅と函館山が見えるよ」と声をかけてくれました。指さす方角を眺めると、函館山の稜線がはっきりと見えました。新函館北斗駅は微妙でしたが、駅近くの鉄塔は確認できました。仁山駅は、渡島平野から仁山高原へ続く斜面の途中にあり、南側の景色が広く開けるのです。

もしかしたら函館山は露天風呂からでも見えたかもしれないなと、後ろ髪を引かれつつ、ヒグラシたちに別れを告げたのでした。

採光充分で明るい内湯

懐かしいタイプの体重計が置いてある

コラム① 駅ナカ・駅マエ足湯事情／東日本編

ＪＲ中央本線・上諏訪駅ホームの露天風呂が足湯に変わったのは、２００２年のこと。露天風呂が設置されたのは１９８６年ですから、16年間にわたって名物として親しまれたことになります。私は、２００１年に入浴したことがあります。どこにでもある通勤・通学風景から、薄い衝立を１枚隔てたところで裸になって湯に浸かる。ここ以外では、全国どこを探しても味わえない風情がありました。乗降者数が少ない無人駅などではなく、衝立越しにガヤガヤと人の声がたくさん聞こえてくるような立地だからこその風情があり、湯に浸かっていると一種の優越感すら覚えたものです。それだけに、足湯に変わったことが少し寂しく感じられます。

足湯になったことでオンリーワンの魅力はだいぶ失われましたが、反面、より気軽に利用できるようになりました。列車の待ち時間が短くても、着替えの用意がなくても、タオルを一本持っていればサッと利用できます。今回の取材活動のなかで訪れた際にも、３分だけ浸かってすぐに出て行く人からグループでやって来て談笑しながら長々と楽しむ人までさまざまで、利用者層の幅が広がったことを実感しました。

上諏訪駅だけでなく、東日本エリアには駅ナカ・駅マエ足湯がたくさんあります。今回の取材を通じて訪れたなかでは、ＪＲ常磐線・湯本駅ホームの足湯も印象に残りました。１番ホームに対して平行に設置された長い足湯はひな壇のような構造で、足を湯に浸ける人だけでなく、単純に列車を待つ人がベンチ代わりに腰かけています。湯に浸かる人は線路に背を向け、ベンチ代わりにする人は線路側を向いて座ります。足湯は、たいてい全員が同じ方向を向いて利用するものなので、人々がジグザグに座っている光景は、とりわけ特異に感じられました。

北海道では、JR釧網《せんもう》本線の川湯温泉駅に駅ナカ足湯が、摩周駅に駅マエ足湯があります。列車の本数が少ない路線だけに、「はしご足湯」を楽しむためには少々余裕のある予定を組まなければならないのが辛いところ。青春18きっぷなどを利用しているのであれば、折り返し乗車をすることで効率よくめぐれます。釧路から網走に抜ける場合には、川湯温泉↓摩周の順でめぐったほうが、1本早い便で網走に到着できることが多いのです。

足湯になって、衝立は撤去された

はだか湯時代の石碑が残る

2010年から2015年まで、釧網本線では夏季を中心に釧路発網走行きの臨時普通列車「足湯めぐり号」を運行していました。途中の摩周駅と川湯温泉駅で20分程度の停車時間を設け、一度列車から降りて足湯を楽しんで、また元の列車に戻って旅を続けることができたのです。私は2014年と2015年に乗車。しかし、両駅で実際に列車から降りて足湯を楽しむ人は少なく、どちらかというと長い停車時間にいらだちを感じている乗客が多いようでした。わずか6年で運行終了となった背景には、そのような事情もあったのかもしれません。

　雪深い地域が多い東日本では、冬季の駅マエ足湯にも独特な風情が生まれます。2011年末に訪れたJR左沢《あてらざわ》線・寒河江《さがえ》駅近くの足湯は、ひざ上まで積もった雪に埋もれていました。屋根があるので、降雪時でも安心して利用できます。凍てつく寒風が吹きぬける銀世界で浸かる足湯には、まるで懐中に抱いたカイロのような「芯のあるぬくもり」が感じられました。あまりの気持ちよさになかなか出られず、列車に乗り遅れそうになったのを覚えています。

ヘッドマーク付きの「足湯めぐり号」

豪雪地ならではの光景

　有名な温泉地や観光客が多く訪れる駅はもちろん、住宅地の駅や無人駅にまで駅マエ足湯が設置されていることがあり、足湯との予期せぬ出会いに多く恵まれるのが東日本です。ふらりと出かけて、気まぐれで列車を降りる。そのような気ままな旅でも、駅ナカ・駅マエ足湯がわずかな心の隙間を埋めるパテのような役割を果たしてくれるでしょう。

第2章

東北

大鰐温泉駅

大鰐温泉「鰐の湯」

広々露天風呂を楽しんで、「大鰐温泉もやし」に舌鼓

JR奥羽本線大鰐温泉駅から徒歩2分　☎0172-49-1126

小雨がそぼ降るなか、奥羽本線と弘南鉄道大鰐《おおわに》線が接続する大鰐温泉駅（弘南鉄道は大鰐駅）に降り立ちました。駅を出ると、いきなり目の前にピンク色のワニの像が立っていて、雨粒が目に入るのも構わず見上げてしまいました。駅前から東方向に連なる昭和レトロな温泉街には、ちょっとピンクのワニは似合わないように思います。記念撮影の被写体には好適だし、子どもたちは喜ぶかもしれませんが、地元でも賛否両論分かれているのではないかと懸念されます。

温泉街に点在する外湯は、いずれも駅から少し離れたところにあります。一番近い「若松会館」でも、徒歩5分ではたどり着けません。穏やかに晴れた日なら散策がてら温泉街をぶらぶら歩くのもいいものですが、こう雨模様だともう少し近いところにあってほしい

上屋がついていれば、小雨でも安心（写真提供：大鰐町地域交流センター「鰐come」）

と感じるものです。

　そんな観光客の願いをかなえてくれる施設が、２００４年にオープンしました。駅を出て、温泉街とは逆方向へ歩くこと２分。日帰り温泉「鰐の湯」をはじめ、レストランや売店、多目的ホールなどを備えた大鰐町地域交流センター「鰐《わに》come《かむ》」です。温泉街の雰囲気は味わえないものの、少々の雨や雪なら苦にならない場所なので、観光客にとっては大鰐温泉がグッと身近に感じられるようになったのではないでしょうか。

　入浴料は、５００円。新しく大規模な施設だけに、広く開放的な露天風呂も備えています。湯は無色透明で、サラサラの肌触り。露天の大きな湯船で手足を伸ばすと、ここが駅のすぐ近くであることを忘れて、桃源郷にいるかのような夢見心地になってしまいそうです。時折聞こえてくる踏切の警報音と列車の通過音が、私を現実の世界へ引き戻してくれました。

浴室は「つつじ」と「うぐいす」があり、男女が日替わりになります。私は今回が2度目の訪問で、2回とも男湯は「うぐいす」でした。ふたつの浴室で大きく違うのは、露天風呂とサウナです。「うぐいす」は高温サウナに自然石の露天風呂。「つつじ」は低温サウナにタイル張りの露天風呂になっているそうです。私は岩風呂のほうが好きだし、サウナにはあまり関心がないので、「うぐいす」でラッキーでした。しかし、2回とも「うぐいす」だと、次回は「つつじ」に入ってみたいと思えてきます。

湯上がりには、多目的ホールやロビーで休憩して、食事もできます。着席スタイルのレストラン「花りんご」もあるのですが、私はどちらかというとB級グルメ志向の人間なので、ロビーで提供している軽食で済ませることにしました。いただいたのは、中華麺をそばつゆに合わせた「和風らーめん」。

5分ほどで出来上がった和風らーめんには、青森シャモロックのミンチ肉と、妙に長くて細いモヤシがたくさんトッピングされていました。このモヤシが、ポイントなのです。

大鰐町は、江戸時代から続く「大鰐温泉もやし」の特産地。門外不出の「小八豆《こはちまめ》」という品種の大豆を使い、土中に掘った穴の中で温泉熱と温泉水を使って栽培します。

食べてみると、一般的なモヤシとの違いがさらによく分かります。1本1本の繊維がしっかり自立していて、シャクシャクした歯ごたえがとても強いのです。土中栽培だと旨味を閉じ込めるのでしょうか、風味もだいぶ強いように感じました。大鰐温泉でしか食べられない稀少な食材を堪能できて、ワンコインの500円。これは大満足でした。

なお、「花りんご」にもラーメンやそば・うどん、さらには丼ものなどに大鰐温泉もやしを使ったメニューが多くあります。びっくりするくらいおいしいので、ぜひ一度お試しあれ。

つゆの出汁は、カツオとシャモロックの二重奏

「ピンクのワニ」の脇には、無料の足湯も

碇ケ関駅

高田温泉「関の庄温泉」

青森ヒバの湯船に浸かり、黄色い湯桶に愛着を抱く

JR奥羽本線碇ケ関駅から徒歩2分　☎0172-46-9355

国道7号線沿いの道の駅「いかりがせき」が、たまたま駅の近くにあると考えるべきなのでしょうか。道の駅に併設された日帰り温泉「関の庄温泉」は、碇ケ関駅を出て左前方の短い階段を下りた先にあります。隣には、関所資料館と足湯があります。どちらも無料なので、入浴ついでに楽しむとよいでしょう。関所資料館では、蝋人形を使って江戸時代の様子を再現しているほか、実物の鎧兜や駕籠なども展示しています。

入浴料は、350円と格安。露天風呂などの豪華な設備はありませんが、内湯が一部外に突き出たような造りで、突き出た部分の壁がガラス張りになっているので、採光充分で閉塞感がありません。小ぢんまりした浴室でも、のんびりとかけ流しの湯を楽しめます。

無色透明でツルリとした湯は、弱アルカリ性単純泉。湯に浸かっていると、ほのかな硫

黄の臭いが鼻先を包み込んでいくように感じられます。大鰐温泉から碇ケ関まで、奥羽本線で2駅。10kmと離れていないのですが、成分はだいぶ異なるようです。

洗い場に並んでいるのは、黄色い「ケロリン」の湯桶。昔は、どこの銭湯へ行ってもこの湯桶があったものです。久々に出会って喜んでいたら、なんと売店ではケロリンの湯桶を販売していました。頑丈な造りで乱暴に扱ってもなかなか壊れないことから、「永久桶」とも呼ばれるケロリンの湯桶。そのサイズは、実は関東と関西で少々異なります。湯桶で湯船から湯を掬ってかけ湯をする習慣がある関西では、重くなりすぎないよう小さくしてあるのです。売店で扱うのは、大きめの関東型。鉄道旅のお土産には、少し重いでしょうか。

湯船は青森ヒバでできている

これに愛着が湧く人も多いはず！

浅虫温泉駅

浅虫温泉「ゆ〜さ浅虫」

格安の駅チカ温泉から、陸奥湾の絶景を眺める

青い森鉄道浅虫温泉駅から徒歩1分　☎017-737-5151

「青森の奥座敷」と呼ばれる、浅虫温泉。その歴史は古く、平安時代に慈覚大師円仁が発見したと伝えられています。青森市の市街地から近く、大動脈の国道4号線沿いにあって交通の便がよいこともあり、国道に沿って近代的なホテルがたくさん建ち並んでいます。しかし、裏手に入ると中小規模の温泉旅館や商店が多くあり、落ち着いた昔ながらの温泉街の雰囲気を残しています。高層ホテル街は「奥座敷」というイメージではないので、「奥座敷」の呼び名を守り続ける意味でも、古い温泉街を大切にしたいところです。

浅虫温泉駅と国道4号線に挟まれたわずかな土地に、道の駅「ゆ〜さ浅虫」があります。敷地が狭いためでしょうか、道の駅としては珍しい5階建てのビルディングです。その最上階に、350円で気軽に入れる温泉浴場があります。

泉質は、ナトリウム・カルシウム-硫酸塩・塩化物泉。無色透明・無味無臭で、弱アルカリ性ですがあまりツルツルした肌触りではありません。むしろ、弱酸性を思わせるキチキチした肌触りに感じました。ガラス張りの内湯に浴槽がふたつあり、あつ湯とぬる湯に分かれています。個人的には、ぬる湯の温度がちょうどよく感じました。

そして極めつきは、窓越しに眺める風景です。「展望浴場」を謳うだけあって、5階から眺め下ろす陸奥湾の風景はなかなかのもの。西側を向いているので、夕刻には太陽が陸奥湾に沈む光景を眺められそうです。そう思って夕刻に訪れたのですが、残念ながら本日の天候は雨。それでも、陸奥湾にこんもりと浮かぶ湯ノ島などが望め、清々しい入浴を楽しめました。

湯船は30人くらい入れそうなほど広い（写真提供：ゆ～さ浅虫）

４月でも、駅のストーブにかじりつくほど寒かった

ほっとゆだ駅

川尻温泉「ほっとゆだ」

濃厚な良泉に遊び心を交えた、駅ナカ温泉の「聖地」

JR北上線ほっとゆだ駅構内　☎0197-82-2911

1992年オープンの「ほっとゆだ」は、駅ナカ温泉の草分け的存在。鉄道で温泉をめぐっている人にとっては、JR北上線のほっとゆだ駅とJR中央本線の上諏訪駅（↓38ページ参照）は、聖地のような位置づけになっているのではないでしょうか。時計塔がある2階建ての駅舎は木造で、風格すら感じられます。

入浴料は、300円。天井の高いウッディな浴室で、源泉かけ流しの新鮮な湯を楽しめます。大きな浴槽は仕切りで3つに分けられ、それぞれ「あつめ」「ふつう」「ぬるめ」になっています。「あつめ」が45度くらい、「ふつう」が42度くらい、「ぬるめ」が40度くらいでしょうか。私は「ぬるめ」がちょうどいいのですが、居合わせた地元の人々は、大半が「ふつう」に浸かっていました。「ぬるめ」は浴槽が浅いので、私のような大男（身長

ローカル線の中間駅とは思えない、大きな駅舎

午前中は地元の人々、午後は観光客の利用が多い

182㎝）が肩まで浸かろうとすると、寝湯に近い体勢になります。

泉質は、無色透明のナトリウム・カルシウム‐硫酸塩・塩化物泉。鉱物のような埃のような、独特な臭いを感じます。温泉成分分析表を見ると、ナトリウムイオン・カルシウムイオン・硫酸イオン・塩素イオンのすべてが、比較的高い値を示しています。成分の濃さゆえの臭いなのか、木の香とあいまっての臭いなのか。

この施設が鉄道ファンの心をとらえて離さない理由のひとつが、浴室内の壁に設置された鉄道信号機です。これは、次便発車までの時間を知らせる役割を果たすものです。無灯火は発車まで45分以上、青色は発車時間の45〜30分前、黄色は30〜15分前、そして赤色は15分前〜発車時間。つまり、次の列車に乗ろうと考えている場合、青が点灯したら体を洗って、黄色が点灯したら湯に浸かって、赤が点灯したら上がる、といった利用の目安にできます。ただし、ひとつの信号機で上下線両方向に対応しているため、青・黄・赤のすべてが点灯するタイミングもあります（次ページ写真参照）。あくまでも参考程度で、鉄道ファンの心をくすぐる演出という感覚で眺めるとよいでしょう。

湯上がりには、2階の休憩室でひと休み。階下の売店で西和賀町の地ビール・銀河高原ビールをはじめとした酒類や各種おつまみなどを販売しているので、次の列車まで時間が空いても退屈することはありません。私も、ついつい長居をして、銀河高原ビールを2種類飲み干しました。缶のペールエールは、少しフルーティな香りのある、ライトな口当たりで飲みやすいビールでした。いっぽう、瓶のシルバーボトル（小麦のビール）は、底にビール酵母が沈殿する無濾過のビール。重厚な飲みごたえがあり、じっくりと味わって飲みたい一本でした。同じ銀河高原ビールでも、ずいぶん違うものです。売店には、もう2種類くらい銀河高原ビールが置いてあったように記憶しています。これらは、次回訪問時のお楽しみです。

青・黄・赤が全部点灯しても、故障ではない

広すぎず狭すぎず、落ち着ける休憩室

駅ナカでこれだけ充実した時間を過ごせるなんて、さすが「聖地」です。駅ナカ温泉の先駆けとして一種のブームを生み出したことを含めて、敬意を表したいと思います。

阿仁前田駅

大きな駅舎の駅ナカ温泉は、成分濃厚な緑色の湯

阿仁前田温泉「クウィンス森吉」

秋田内陸縦貫鉄道阿仁前田駅構内　☎0186-60-7000

小学校の校舎を思わせる大きな駅舎が建つ、阿仁前田駅《あにまえだ》。そのわりに、街の規模はそれほど大きくありません。駅前のメインストリートに沿って住宅や小規模商店などが連なる、長閑な街並みです。交通量のわりに道路が広いのは、雪国だからでしょうか。建物の大半が片流れの屋根で、道路側が高く、裏手が低くなっています。道路への落雪を防ぐためでしょう。北秋田市の阿仁地区は「マタギの里」として知られますが、街を歩くと軒先に薪を整然と積み上げた住宅を多く見かけ、その雰囲気を感じます。

駅舎が大きいのは、駅ナカ温泉「クウィンス森吉」を併設しているため。館内は広く、露天風呂のある浴室に大広間の休憩室、食事処やゲームコーナーも完備し、温泉ホテルのような雰囲気。それでも、入浴料は400円（大広間休憩は100円追加）と格安です。

浴室には源泉浴槽と循環濾過浴槽があり、源泉浴槽には薄緑色の湯、循環濾過浴槽には透明な湯が注がれています。泉質は、ナトリウム・カルシウム-塩化物泉。舐めると強烈な塩味と苦みがあり、浸かると剃刀痕にズキズキと染みます。これは成分の濃い温泉です。湯温が高めということもあり、無理な長湯をすると湯あたりしそうな怖ささえ感じました。

なんと、温泉卓球も楽しめる（540円）

掘割式で、出入りしやすい露天風呂

上がった後には、食事処で「しょっつるラーメン」（620円）をいただいたのですが、居合わせたお年寄りたちの会話が気になり、味は覚えていません。何を言っているのか、まったく聞き取れないのです。唯一分かったのは、「んだんだ」。方言の癖が強い地域なのだなと感じました。

岩城みなと駅

岩城温泉「港の湯」

日本海を望む露天風呂で、浜風のメロディに耳を傾ける

JR羽越本線岩城みなと駅から徒歩4分　☎0184-73-3789

目印は、巨大な発電風車。駅前から地下道経由で歩くこと4分、道の駅「岩城《いわき》」に日帰り温泉「港の湯」が併設されています。訪れた日は、日本海から吹きつける浜風が強く、まっすぐ歩くのも困難。国道沿いの松並木が斜めに立っていることから、強い浜風が吹くのは今日だけでなく、いつものことなのだと分かります。北国の厳しい洗礼を浴び、青息吐息でどうにかたどり着きました。入浴料は、300円（3時間以内）。

浴室はメゾネットタイプで、洗い場や主浴槽があるフロアから階段を下りたところに露天風呂があります。露天風呂は堅牢な屋根と可動式の壁で囲われており、「半露天」の雰囲気。開放的な露天風呂にすることができないのは、強い浜風が吹きつけるためでしょう。湯は黄土色で、少々濁りがみられます。泉質は、ナトリウム-塩化物強塩泉。保温効果

が高い湯で、内湯に浸かるとすぐにのぼせます。少し長湯を楽しむために露天風呂へ下りると、壁や天井の隙間から浜風が侵入し、「ピューオ、ピューオ」と音をたてます。誰かが内湯と露天風呂を隔てるドアを開けると、風の通り道が変わるためでしょうか、風音が「ビュゴォ、ビュゴォ」に変わります。咄嗟に北海道の襟裳岬が脳裏に浮かんだのは、森進一さんの名曲に凍てつく北風のイメージを抱いていたからでしょうか。

露天風呂から眺める夕陽が名物（写真提供：岩城温泉「港の湯」）

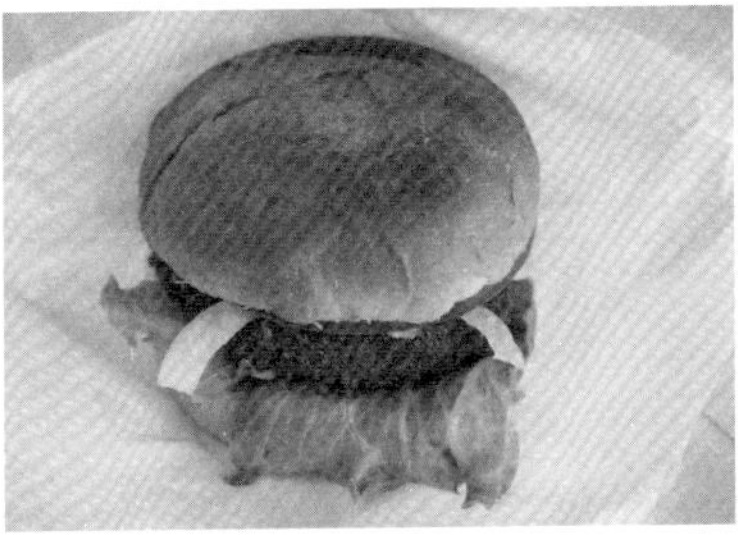
挟む野菜は、トマト・タマネギ・レタス

由利本荘市のご当地グルメ「本荘ハムフライ」を食べたくなって、外の軽食コーナーへ。本荘ハムフライバーガー（350円）は、肉厚で歯ごたえの強い揚げたてのハムカツとたっぷりの野菜を挟んだハンバーガーです。揚げものなのに、野菜が多いためかさっぱりといただけました。

高畠駅

まほろば温泉「太陽館」

温泉・食事・宿泊もOK。元気な街の元気な駅

JR山形新幹線（奥羽本線）高畠駅構内　☎0238-57-4177

高畠《たかはた》駅は、山形新幹線の乗り入れと同時に駅舎が建て替えられ、なんともメルヘンチックな雰囲気になりました。新幹線が乗り入れたということもありますが、地方の駅にしては珍しく乗降者数が減少傾向にはなく、いったん無人化されてから再度有人化されています（現在は業務委託駅）。私が訪れたのは朝一番で、通学の高校生が駅舎に入りきらないほど群がっていました。とても元気な街です。とても元気な駅です。人波をかき分けて、改札口脇の駅ナカ温泉「太陽館」受付までたどり着くのもひと苦労でした。入浴料は、300円。入口に無粋な自動ドアなどはなく、紺色の大きな暖簾が掛けられています。

太陽館は、駅舎と同じく1992年にオープンしました。駅ナカ温泉としては古参です。天井が高く、空間を広く使った浴室は、とても駅舎内とは思えません。湯船も、15人くらい浸かれそうな広さがあります。サウナや半露天の水風呂も完備。泉質は、アルカリ性単純泉。無色透明・無味無臭で、肌になじみやすい湯です。やや熱気が籠もりやすい浴室ですが、水風呂の脇に置かれたベンチを活用して、のぼせたら冷まし、またのぼせたら冷ましを繰り返して、長湯を楽しめます。癖のない泉質も、長湯に向いていると思います。そして、風呂上がりには広間でゆっくり休憩できます（別料金２００円）。

夕方にはライトアップの演出もある駅舎

浴室は洋風、広間の休憩室は畳敷きの和風

　高畠駅には、温泉のほかに観光案内所、レストラン、土産物店、そして宿泊施設「フォルクローロ高畠」も併設しています。旅に必要な要素がすべて揃っていて、ワンストップであらゆる欲求を満たせるのです。旅の拠点に、そして目的地に。さまざまなシーンで立ち寄れそうです。

鳴子温泉駅

鳴子温泉「滝の湯」「早稲田桟敷湯」

湯けむり立ちこめる街の、ふたつの外湯・ふたつの源泉

ＪＲ陸羽東線鳴子温泉駅から徒歩３分
☎０８０－９６３３－７９３０（滝の湯）
☎０２２９－８３－４７５１（早稲田桟敷湯）

こけしが有名な、鳴子温泉。駅舎内には、こけしの展示コーナーがあります。手づくりで、一つひとつ形も表情も異なるこけしがたくさん出迎えてくれました。改札口の脇には、制服・制帽姿の「駅長こけし」も。男女ペアになっていて、凛々しい男性のほうが「ゆもりくん」、可憐な女性のほうが「みずきちゃん」と名付けられています。このほか、駅構内や観光駐車場などにある顔出しパネルも、当然こけし。街なかの電話ボックスや道路柵もこけし。もちろん、こけしの販売店もたくさんあります。街全体がこけしのテーマパークかと思うほどで、温泉街の情緒にもよくマッチしていました。

もうひとつ温泉街で頻繁に見かけるのが、源泉です。鳴子温泉には別府温泉（↓２０８ページ参照）や北海道の登別温泉のように泉質の異なる源泉がたくさんあり、施設ごとに

異なる泉質の湯を楽しめるのです。街なかや山肌からもくもくと湯けむりが立ちのぼっている様子も、随所で眺められます。

外湯は、鳴子温泉駅近くに2軒あります。まずは、温泉神社に向かって坂道を上ったところにある「滝の湯」から。滝の湯は、その名のとおり源泉から木樋で引いた湯が高いところから滝のように湯船に注ぎ込まれる、1000年の歴史を持つと言われる古湯です。

濃い白濁の、ひと目で分かる硫黄泉（正確には含明礬・緑礬-芒硝硫化水素泉）。pH2・8と強い酸性を示しており、硫黄泉に特有の卵が腐ったような臭いとともに、タマネギのような刺激臭も感じます。源泉から木樋が7本出ているのは、あつ湯・ぬる湯・かけ湯が男湯・女湯それぞれにあ

郵便ポストも、こけし

旧町役場のすぐ裏に、源泉の集中地がある

るためです（男湯のぬる湯だけ2本注いでいる）。私はぬるめの湯で長湯を楽しむのが好きなのですが、ここでは成分がより強く感じられるあつ湯のほうが気持ちよく感じました。

2軒目は、早稲田大学の学生が掘削した共同浴場「早稲田桟敷湯」。こちらのほうが駅から近く、温泉街のメインストリートに面した分かりやすい場所にあります。裏手に回るとやはり源泉（複数源泉の混合）があり、6本の管が浴室に引かれているのが分かります。男湯に3本、女湯に3本。滑り台のような湯路を通って枡に溜まり、枡からあふれ出た湯が音もなく湯船に注がれています。ドボドボという湯音が常に聞こえる滝の湯とは反対に、こちらは換気設備のゴォという音だけが小さく響く、「静」の外湯です。

少し規模が大きく、休憩室「中桟敷」を備えていることもあり、入浴料は540円と高めの設定。泉質は含芒硝・食塩-硫黄泉で、弱アルカリ性（ほぼ中性）を示しています。滝の湯から歩いて5分とかからないのに、泉質がまったく異なるのです。

湯は無色透明で、硫黄の臭いも滝の湯ほど強烈ではありません。タマネギ臭も感じませんでした。3つに仕切られた湯船はすべて熱めで、天井が高く熱気はさほど籠もらないのに、すぐにのぼせます。湯から上がって、簀子の上で横になって体を冷まし、また湯に浸かる。この繰り返しで長湯を楽しむ人が多いようでした。

滝の湯の源泉。武骨な木樋に情緒を感じる。入浴料は150円

天井が高く空間が広い、早稲田桟敷湯（写真提供：鳴子温泉郷観光協会）

女川駅

海とともに生きる街に、駅ナカ温泉が待望の復活！

女川温泉「ゆぽっぽ」

JR石巻線女川駅構内　☎0225-50-2683

東日本大震災の大津波で市街地の大半が流失してしまった、女川《おながわ》町。その中心部にあったJR女川駅と、駅に併設されていた日帰り温泉「ゆぽっぽ」も、跡形もなく流されてしまいました。大きな切妻屋根が美しかった3階建ての建物も、名物の古い鉄道車両を利用した休憩室「お座敷列車」も、失われました。

2011年4月から7月にかけて、私は東北の被災地3県を回って、各地でボランティア活動に参加しました。その中で、女川にも訪れました。4月の時点では、市街地に通じる国道398号線が深く冠水したままだったので、車が通行できず、中心市街地には到達できませんでした。7月になって再度訪れる機会があり、水面下に沈んだ港や、地盤の液状化もあって鉄筋コンクリートのビルまでもが倒壊しているシーンを目の当たりにして、言葉が出なくなったのを覚えています。

しかし、これだけ深い傷を負ったにもかかわらず、女川温泉の源泉は枯れることなく生き残りました。2015年3月に、町の主導で進められた駅周辺のまちびらきに合わせて、女川駅が復旧（少し内陸側に移設）。同時に、再建された日帰り温泉「ゆぽっぽ」も営業を開始しました。生まれ変わった施設に旧施設と同じ名を付したところに、私は復興への

旧施設の「お座敷列車」内（2009年9月撮影）

根こそぎ倒壊したビル（2011年7月撮影）

杉やカラマツを多く使った木造建築

強い決意を感じました。入浴料は、500円です。

建物は、ウミネコの翼をイメージした屋根が印象的。木材と布（東京ドームの屋根と同じ材質だそうです）を合わせて作られており、浴室内に熱気が籠もらない造りになっています。タイルの壁に描かれた気品あふれる絵は、日本画家の千住博さんが手掛けたものです。浴室というよりも、エレガントなホールを思わせる雰囲気でした。

ふたつある浴槽は、いっぽう（次ページ写真左奥側）が天然温泉で、もういっぽうが白湯になっています。温泉の泉質は、震災前と同じカルシウム・ナトリウム‐塩化物泉。無色透明で、中程度のアルカリ性（pH8・8）を示しています。湯船に浮かんだ泡がなかなか消えない様子を見ると、もう少しアルカリが強いのではないかという印象も受けます。しかし実際に浸かってみると、アルカリ性質より塩化物泉の性質のほうが強く感じられました。強いぬめりはなく、保温効果が高い湯です。

湯上がりには、小さなテーブルが9つ並べられた休憩室でひと休み。この休憩室は、2016年3月26日に桑田佳祐さんがシークレットライブを開催したことで有名になりました。女川災害FMラジオの閉局イベントとして、無料招待した50人の観客の前で12曲を熱唱したのです。支配人の吉田雅《ただし》さんは当時を振り返って「照明機材がまったく足りなく

白基調で清潔感のある浴室

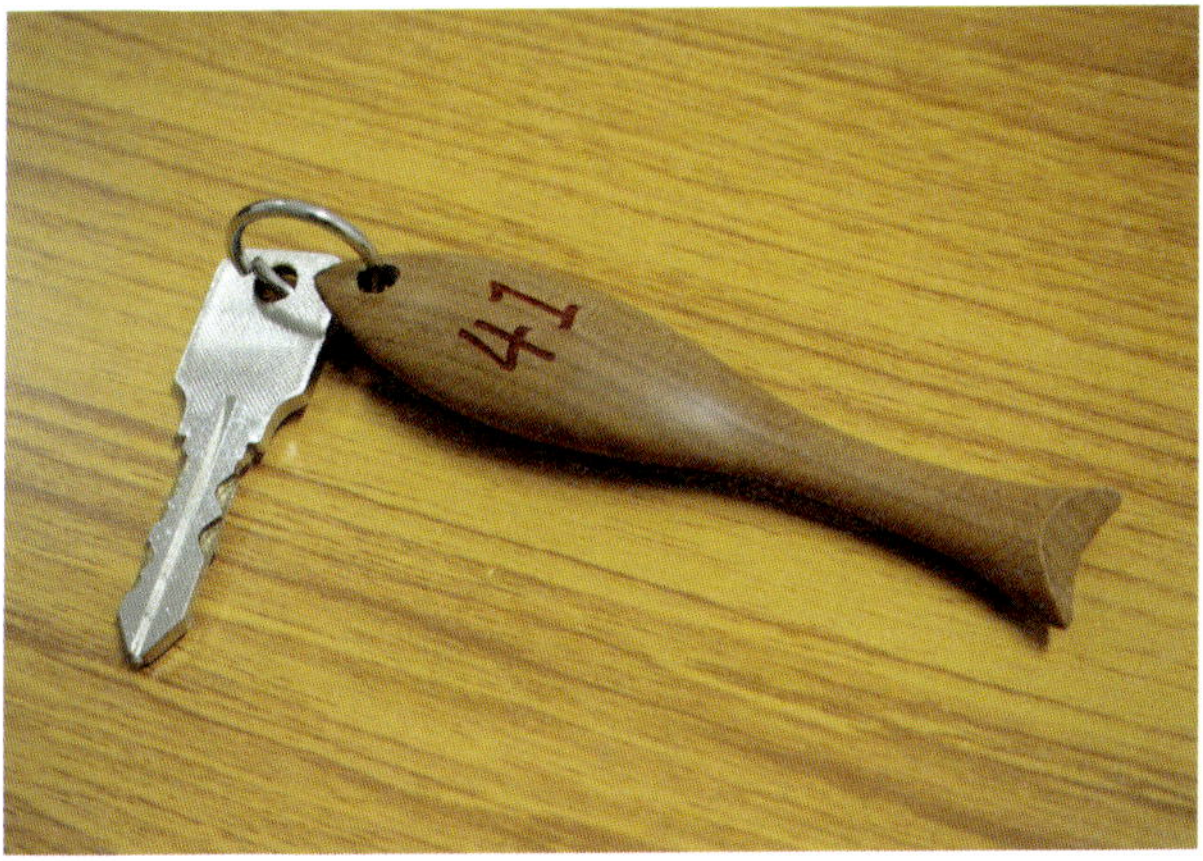

ロッカーキーのキーホルダーは、ひとつひとつ手作り

て、工事現場用のライトをかき集めて確保しました。24時にライブが終わって、撤収が完了したのは深夜の2時。とにかく大変でした。でも、ライブ中は我々スタッフもライブに熱中していました」と話します。

1階には、土産物店と、東日本大震災に関する資料展示コーナーがあります。ここは入浴料なしで入れるエリアなので、より多くの観光客の姿がありました。なかでも多くの人が足を止めていたのは、壁に掲示されている2011年3月14日付の「石巻日日新聞」でした。これは、震災直後の混乱のなかで、記者たちが印刷用のロール紙を使って手書きし、避難所に掲示した壁新聞（実物）です。自分たちの家族の安否すら分からないなかでの行動に世界中から称賛の声が寄せられ、ワシントンの報道博物館「ニュージアム」でも永久保存されることが決まっています。

駅周辺にはまだまださら地が目立ちますが、復興も着実に進んでいます。駅前から女川港に向かって新設された商業エリア「シーパルピア女川」は、多くの人々でにぎわっていました。私は、地元・金華山沖産の無塩生ワカメをたっぷり使った「わかめうどん」（500円）をいただきました。かけうどんに、予想をはるかに超える量のワカメが添えられてびっくりしました。半分ほどをうどんにのせ、もう半分は刺身としていただきました。肉厚で、歯ごたえがジャキジャキ。とてもおいしいものでした。

観光客向けの土産物店や飲食店だけでなく、薬局や理髪店など、地域住民の生活に欠かせない店舗も多く入っています。目下、少し内陸部の高台で新たな住宅地の造成が進められており、徐々に住民たちも戻ってきているそうです。海に打ちのめされても海とともに生きるこの街を、これからも応援し続けていきたいと思います。

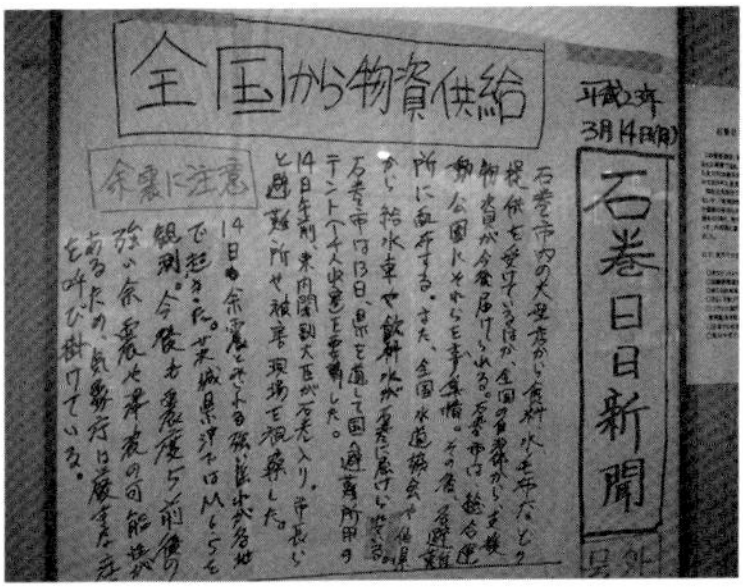

力強い筆跡が生々しい

シーパルピア女川内の鮮魚店の様子

刺身ワカメは、小皿の醤油をつけて

飯坂温泉駅

飯坂温泉「波来湯」

駅チカ外湯が3軒！ 気軽に外湯を楽しめる温泉街

福島交通飯坂線飯坂温泉駅から徒歩1分　☎024-542-5223

飯坂温泉に向かう福島交通飯坂線の列車には、最前部や車両連結部に暖簾が掛けられていて、到着する前から温泉気分を味わえました。始発の福島駅からの乗客も、途中で乗ってくる人も、多くが終着の飯坂温泉駅まで乗ります。まさに「温泉列車」です。

温泉街は、飯坂温泉駅の北側に広がっています。中心となるのは、駅の北西に位置する「鯖湖湯《さばこゆ》」。飯坂温泉でもっとも古い浴場で、松尾芭蕉も入浴したと伝えられています。全部で9か所ある外湯のうち、鯖湖湯・切湯《きりゆ》・波来湯《はこゆ》が駅から徒歩5分以内。今回は、駅からもっとも近く、1200年の歴史があると言われる「波来湯」を利用してみました。

入浴料は、300円。ほかの外湯よりも高い設定になっているのは、駐車場を備えているうえ、バリアフリー構造になっているためでしょうか。建物自体は公衆トイレと見まがうほど小さく、「この中に浴場があるの?」と少し不安になります。しかし、建物に入るとすぐに下り階段が現れ（エレベーターもある）、納得。浴室は、地下にあるのです。
泉質は、癖のないアルカリ性単純泉。ふたつの浴槽は、片方に源泉そのままの熱い湯が、もう片方には加水して温度を下げた湯が注がれています。当然あつ湯から入ってみたのですが、熱すぎて肌触りどころではありませんでした。ぬる湯は、シルクのようになめらかで上品な肌触りです。

「切湯」は、波来湯と同じ源泉を引いています。鯖湖湯は異なる源泉で、波来湯のあつ湯よりもさらに熱い設定（47度）。私は、とても入れそうにありません。今回波来湯を選んだ真の理由は、鯖湖湯の熱さに少々怖気づいてしまったためなのでした。

列車内の暖簾で、温泉気分が高まる

新しい建物だが、情緒ある外観（波来湯）

湯本駅

いわき湯本温泉「みゆきの湯」
シャボン玉飛んだ、硫黄の香りも飛んだ名湯

JR常磐線湯本駅から徒歩1分　☎0246-43-1526

――シャボン玉飛んだ 屋根まで飛んだ――

湯本駅には、思わず口ずさみたくなる発車メロディが流れます。「シャボン玉」をはじめとする多くの童謡歌詞を世に残した野口雨情が、湯治などの目的で3年以上にわたっていわき湯本温泉に滞在したことから、湯本駅の発車メロディに使用されているのです。

駅前から北方向に広がる温泉街を歩いても、随所で雨情の面影に触れることができます。雨情の詩碑などが随所に立っているほか、温泉神社のふもとには「野口雨情記念湯本温泉童謡館」があります。ここでは、雨情の生涯について学べるほか、古い蓄音機や童謡のレコードなどが展示されています。入館無料なので、特段童謡が好きでなくても、立ち寄って損はないでしょう。

温泉街には、外湯が2か所あります。有名なのは、童謡館の角を東に折れた先にある「さはこの湯」です。道後温泉本館（↓184ページ参照）にも似た、重厚かつ荘厳な雰囲気のある施設ですが、道後温泉本館ほど複雑な造りではありません。男女別の浴室があり、階上に広間の休憩室があります。私は2002年に一度訪れており、とても気に入った施設です。しかし、駅から少々距離があり（徒歩10分ほど）本書の趣旨には合致しないため、今回は入浴を見送りました。

足湯も随所にある（愛湯物語広場の足湯）

童謡館に展示されている蓄音機

もうひとつの外湯「みゆきの湯」は、2007年にオープンした新しい施設です。かつて「さはこの湯」の裏手にあった共同浴場「東湯」の閉鎖に伴ってオープン。事実上の移転でしょうか。駅から徒歩1分の駅前通り沿いにあり、さはこの湯ほどの情緒はないものの、たいへん便利な施設です。入浴料は、250円。

浴室にはふたつの浴槽があり、あつ湯とぬる湯に分かれています。あつ湯が45度くらい、ぬる湯が42度くらいの設定。私にとっては、どちらも熱いです。泉質は、含硫黄-ナトリウム-塩化物・硫酸塩泉。かつてさはこの湯に入ったときには硫黄の臭いを強く感じたのですが、今回は湧出口に鼻を近づけないと分からないほど、かすかな臭いでした。温泉街の各施設はすべて同じ源泉を引いているはずなのですが……。

受付のスタッフに聞いてみたところ、2011年の東日本大震災に伴う地殻変動と自然な経年変化が両方影響しているのではないか、との話でした。確かに、温泉は自然の産物なので、毎日同じ成分の湯が出続けると考えるほうが間違いなのかもしれません。成分が変わることもあれば、枯れてしまうことだってあるのです。ましてや、東日本大震災という大きな地殻変動があったのですから。

無色透明なのに強烈な硫黄臭がするかつてのいわき湯本温泉の湯には、もうどの施設に行っても出会えないのかもしれません。そう考えると寂しく、今後さはこの湯を再訪するのも少し怖いですが、その代わりに現在のなじみやすい湯があります。少しだけ気まぐれな自然の恵みを、これからも大事に享受していきたいものです。

狭い方があつ湯、広い方がぬる湯

余裕があれば、「さはこの湯」にも寄りたい（入浴料230円）

コラム② 「駅そば」感覚で温泉グルメ

私はこれまで「温泉施設内の食事処は高い」という先入観を持っていたため、食事は外で済ませて、館内の食事処を利用する機会はあまり多くありませんでした。しかし今回の取材を通じて、安価で手軽に食べられる食事処を併設した温泉施設が多くあることに気づきました。ましてや駅ナカ・駅マエ・駅チカ温泉で、食事のみでの利用が可能（入館料不要）な施設であれば、私がライフワークとしてめぐっている「駅そば」に近い感覚で利用できるのです。

たとえば、JR函館本線桑園駅に近い「天然温泉やすらぎの湯 北のたまゆら 桑園」（↓32ページ参照）の食事処では、「かけそば」（写真）を330円でいただけます。各種ミニ丼とのセットメニューでも500～600円台くらい。平均的な駅そばと同じ価格帯なのです。もちろん、提供もスピーディーです。桑園駅構内には駅そば店がないだけに、駅周辺で手軽に食事を済ませたい場合にありがたい存在になるでしょう。

おにぎり（160円）を追加してもワンコイン範囲内

取材を通じての印象としては、食事のみでの利用はできない（入館料が発生する）施設のほうが多かったですが、それでも入浴ついでに駅そば店に立ち寄るような感覚で利用できます。高級志向の本格グルメから、ライトなB級グルメまで。温泉グルメもまた奥深いものです。利用の際には、食事処にも注目してみると面白いと思います。

第3章

関東

鬼怒川公園駅

鬼怒川温泉「鬼怒川公園岩風呂」

時代の波にもまれた温泉街の、新たな価値を求めて

東武鬼怒川線鬼怒川公園駅から徒歩4分　☎0288-76-2683

良泉のみならず、レジャー施設や渓谷美など、見どころが多い鬼怒川温泉郷。渓谷に沿って高層ホテルが建ち並び、渓谷をより深く、よりダイナミックに見せています。

鬼怒川温泉郷には、企業の慰安旅行など大口の団体旅行が増えた高度経済成長期からバブル期にかけて、多くのホテルが建設されました。しかし、バブル崩壊とその後の経済低迷により経営破綻するホテルが続出し、廃墟が目立つ状態になってしまいました。実際に鬼怒川温泉郷を歩いてみると、それなりに観光客の姿はあるものの、箱根や有馬といった大都市からのアクセスが便利な温泉地と比べると、街の規模が大きいわりに出歩いている人の数はだいぶ少ないように感じられました。

打開策として真っ先に思い浮かぶのは、外国人観光客と日帰り客の誘致です。鬼怒川公

ホテル群が個性的な景観を演出

うたた寝したくなるほどの開放感

園駅の裏手、歩道橋で線路を渡った先の公園内に、この両方をかなえる可能性がある駅チカ温泉があります。

入浴料510円と、高名な温泉地にしては割安に感じる「鬼怒川公園岩風呂」。私はこの名称から、内湯も洗い場もなく、露天風呂がひとつポンとあるだけの、下呂温泉「噴泉池」（132ページ参照）のような施設なのかなと思っていました。しかし、実際には露天風呂とは別に木の香漂う内湯もあり、軽食を提供する広間の休憩室も備えていました。時間をたっぷり使って、のんびり過ごせる施設です。

湯は無色透明で、さらりとした肌触り。少しアルカリでしょうか、上がった後に肌がツルリとします。露天風呂は、一度に20人以上が入れる大きさ。公園内の立地なので空が広く開け、日常生活での小さな悩み事を全部吹っ飛ばしてくれそうな開放感に満ちています。せっかくの大きな岩風呂なので、膝を抱えて隅っこでちょこんと浸かるのではなく、注ぎ口がある真ん中辺りで手足を伸ばして満喫したくなります。ほかに入浴客がいなかったら、空を見上げて好きな歌を口ずさんだかもしれません。

私が訪れたときには、玄関先で大型のリュックを背負ったアジア系の外国人観光客の姿をちらほらと見かけました。スタッフさんに聞いた話では、近年外国人観光客の利用もだいぶ増えてきているそうです。とくに台湾からの観光客が多いのだとか。

退館後に少し温泉街を歩いてみると、多くの魅力があることに気づきました。跨線歩道橋上からは、鬼怒川公園駅を発着する列車を間近に望め、ポイント通過で列車が大きく蛇行する様子も眺められます。鬼怒川の対岸に渡るふたつの吊り橋は、歩いて渡るとぐわんぐわん揺れ、スリルを味わえます。温泉街の中心部には、無料の足湯や鬼怒川ライン下りの乗船場もあります。より多くの観光客を誘致するためのインフラは、全部揃っているように思います。

また、近年東武鉄道では、SL「大樹」の運行や新型特急車両の投入、東武ワールドスクウェア駅の開業など、鬼怒川温泉周辺エリアの活性化に力を入れています。低迷期という長いトンネルの出口は、もうすぐそこに見えているように感じました。

歩道橋上から見下ろす、鬼怒川公園駅と列車

深い谷に架かる吊り橋・滝見橋

湯西川温泉駅

市有西川温泉「湯の郷」

鉄道の絶景と駅ナカ温泉を、同時に楽しむ

野岩鉄道湯西川温泉駅構内　☎0288-78-1222

鬼怒川温泉から北上し、新藤原駅で東武鬼怒川線から野岩《やがん》鉄道に乗り継いで湯西川温泉駅へ。鉄道駅に道の駅「湯西川」が併設されたこの駅は、私のお気に入り駅のひとつ。これまでに、10回以上訪問しています。道の駅併設なので、レストランで食事ができますし、土産物などを購入することもできます。そして、それ以上に魅力的なのが、景色です。

湯西川温泉駅は、改札口こそ地上にありますが、ホームは地下のトンネル内にあります。そして、湯西川温泉駅を出発した列車は、トンネルを抜けるとすぐに長い鉄橋で五《い》十《か》里《り》湖を渡り、また対岸のトンネルに吸い込まれていきます。つまり、湖上を渡るときだけ、地上に姿を現すのです。駅前の県道沿いから、五十里湖を渡る鉄橋を望めます。ガシャガシャと大きな音をたてて列車が鉄橋を渡るシーンは、圧巻です。いろいろなアングルから

大迫力の風景を、手軽に楽しめるスポット

この角度から眺められる鉄橋は、なかなかない

眺められるのもポイント。1時間に1本程度の列車に合わせての展望地選びに、かなり悩みます。また、五十里湖は季節によって水量が異なり、山肌の表情も移り変わるので、何度訪れても飽きません。この景色を見るだけでも、訪れる価値があります。

そのうえ、なんとこの駅には駅ナカ温泉「湯の郷」まであるのです。露天風呂や休憩室もあって、入浴料は510円とリーズナブル。泉質は、少しとろんとして肌に浸透していくのが実感できる、アルカリ性単純泉。注ぎ口に鼻を近づけると、かすかに硫黄のような臭いを感じます。露天風呂からは五十里湖と鉄橋を望め、時間を合わせれば鉄橋を渡る列車も眺められるでしょう。内湯からでも、窓越しに鉄橋が見えます。浴室は2階にあるので、少し角度がつき、地上から眺めるのとはひと味違った景色を楽しめます。

意外と空いていて穴場感があるのもお気に入りポイントのひとつです。当駅で乗降する人、あるいは車で立ち寄る人の多くは、平家落人の隠れ里として知られる湯西川温泉（駅から温泉街まで約15㎞）を訪れる観光客です。湯西川温泉に宿をとってそこで温泉に入るのだから、わざわざ途中で立ち寄り湯に入る必要はないということなのでしょうか。駐車場に停まっている車の台数に比して、入浴客は多くないのです。タイミングによっては、露天風呂をひとり占めできることもあります。

惜しいなと思うのは、温泉施設内に食事処がなく（持ち込みも不可）、階下のレストランも営業時間が短いということ。レストランでは、ダムサイトの形にご飯を盛りつけた名物「川治ダムカレー」「湯西川ダムカレー」や湯波料理など、一度は食べてみたいメニューがたくさんあります。しかし、15時で閉店してしまうので、景色と温泉、さらには食事まで満喫するためには、訪問する時間を考える必要があります。なにかのついでにふらりと立ち寄ると、たいていどれかが犠牲になるのです。

逆に言えば、この不器用な一面があるからこそ、空いていてのんびり過ごせるのかもしれません。もしかしたら、「また来よう」と思わせる狙いがあるのではないかとさえ感じました。もちろん、何度でも来ますとも！

自然光を取り入れた浴室（写真提供：道の駅「湯西川」）

軒先には、無料の足湯もある

水沼駅

猿川温泉「水沼駅温泉センター」

駅から出ずに、温泉三昧・グルメ三昧

わたらせ渓谷鐵道水沼駅構内 ☎0277-96-2500

首都圏のローカル鉄道のなかで屈指の観光客人気を誇る、わたらせ渓谷鐵道。2種類のトロッコ列車だけでなく、普通列車に乗るための観光バスツアーも多く組まれ、時として通勤ラッシュの山手線のように混雑することがあります。

観光客が多く乗る路線ですから、各駅構内にも面白い趣向が凝らしてあります。その最たるものが、水沼駅に併設された「水沼駅温泉センター」です。駅ナカ温泉のなかでも珍しい、ホームから直接入館できる日帰り温泉施設があるのです。

入浴料は、600円。美しい山並みが望める内湯に加えて、露天風呂もあります。含二酸化炭素-ナトリウム・カルシウム-塩化物・炭酸水素塩冷鉱泉というひと癖ありそうに感じる泉質ですが、浸かってみるとサラサラで、とてもやわらかい湯です。もっとも印象的

どこか切なげな表情の河童像が愛おしい

彩りのよい「山うなぎ弁当」。泉弁は、全部で６種類

だったのは、主浴槽の中央にたたずんでいた河童の像。空いていると、なんだか寂しがっているように見えます。上がるときには背後から「もう帰っちゃうの?」と声をかけられそうな気がして、後ろ髪を引かれます。浴室内だけでなく随所に河童像があるのは、渡良瀬川の上流に位置する「釜が淵」の河童伝説にちなんでいるのだそうです。

湯上がりには、広間で食事も楽しめます。名物は、「きりゅうどん」(1000円)。桐生名物のソースかつ丼とうどんのセットで、ひらがなで表記しているのは、「桐生」「丼」「うどん」のすべてを意味しているため。

列車内に持ち込んで食べるなら、駅弁ならぬ「泉弁」がオススメ。基本的に予約販売ですが、ものによっては現地でのオーダーメイドも可能とのこと。私は、「山うなぎ弁当」(1000円)を買ってみました。山うなぎとは山芋のことで、鶏肉と山芋(大和芋)のソテーがメインの弁当です。駅弁と同じ風情を味わえるように、ちゃんと掛け紙をかけてあります。大和芋のホクッとした歯ごたえが想像以上に強く、とても硬派な弁当だと感じました。大和芋はソテーだけでなく、モチッとした磯辺揚げやシャリッとした千切りのサラダも入っていて、いろいろな食感を楽しめるように工夫してありました。

館内の各施設に、まるでプラットホームのように番線表示の札を掲示するなど、遊び心もたっぷり。ちなみに、男湯が1番線で、女湯が2番線。食事処は6番線です。全部で7番線まであるなかで、4番線だけ見当たりませんでした。支配人に聞いてみたところ、「自分でつけたんだけど、どこが何番線だったか忘れちゃったよ」と笑っていました。実現はしなかったものの、浴室内に鉄道信号機を設置しようと考えたこともあるそうです。

泉弁を食べてもまだお腹に余裕があれば、ホームから直接入れるレストラン「清流」がある神戸《ごうど》駅へ足を延ばしてみましょう。東武のデラックスロマンスカー（172系）を客席に利用した、童心をムズムズとくすぐられる店です。私がいただいた「舞茸天そば」（820円）はボリューム満点で、香りにも深みのある一杯でした。面白いだけでなく、味も折り紙つきです。

「清流」の客席。車両のトイレも使用可能

千切りのニンジンが丼を彩る「舞茸天そば」

小野上温泉駅

小野上温泉「小野上温泉 さちのゆ」

生まれ変わっても、村営時代のよさはそのままに

JR吾妻《あがつま》線小野上温泉駅から徒歩1分　☎0279-59-2611

　学生時代に一度行ったことがある旧小野上《おのがみ》村営の「小野上村温泉センター」が、「小野上温泉 さちのゆ」としてリニューアルされていてびっくりしました。建物は、倍以上の大きさになったでしょうか。広大な駐車場の片隅には、別棟の農産物直売所があります。さらに、無料で利用できる飲泉所や足湯まで完備。日帰り温泉というよりも、道の駅のような雰囲気です。これだけ大規模化すると、入浴料も大幅に値上げしてしまったのではないかと心配になるところです。しかし、入浴料は410円（2時間以内）と格安。村営時代（市町村合併により、現在は渋川市になっている）のお手頃感は失われていませんでした。

　浴室は、広々とした内湯に、自然石を配して玉砂利を敷き詰めた庭園風の露天風呂。野趣があり、同時に上品な印象も受けます。泉質は、pH8・9のアルカリ性ナトリウム-塩化

物泉。とろんとしていて肌に絡みつくような感触の湯は、もっとアルカリが強いようにも感じます。露天風呂では、庭園に配された大きな石を椅子代わりに休む人、大きな石の上にタオルを広げて天日干しをする人、玉砂利の上を歩いて足つぼマッサージ代わりにする人など、みな思い思いに楽しんでいました。

館内の食事処では、1日10食限定の「おのがみセット」（760円）をいただきました。キノコの玉子とじ丼と刺身コンニャクが中心の、ボリューム感満点の定食。とくに印象に残ったのは、刺身コンニャク。ザラザラした摺りガラスのような舌触りは、初めて体験する食感でした。食事をすると、滞在時間が1時間無料延長になるので、慌てることなくじっくり味わうことができました。

かけ流しの温泉は、飲用も可能

キノコは、香りのよいマイタケが中心

南高崎駅

高崎温泉「さくらの湯」

住宅街に埋もれた、源泉かけ流しの「かくれ湯」

上信電鉄南高崎駅から徒歩3分　☎027-386-4321

北関東随一のターミナル駅である高崎駅から上信電鉄でわずかひと駅、歩いても10分ほどで着いてしまう南高崎駅。駅舎のない無人駅で、2両編成の列車がトコトコ走る長閑なムードが漂います。周辺は、閑静な住宅地。駅を出て、線路に沿って少し歩くと、左手に「天然温泉 高崎温泉」と表示されたネオン管の高看板が見えてきます。かつて「不動かくれ湯」という名で営業していた施設で、どこにでもありそうな住宅地に突然温泉施設が現れて、まさに「かくれ湯」の趣。立派な門構えをくぐって館内に入ると、左手に番台。入浴料は、550円です。浴室は1階と2階に分かれており、それぞれ「不動明王の湯」「弘法大師の湯」と名付けられています。この日は、2階の弘法大師の湯が男湯でした。

内湯のみですが、外観から受ける印象よりも広々としていて、20人以上は同時に入れそうな大きな湯船を備えています。縁いっぱいまで湯を湛えていて、常にザブザブとあふれ出ています。ひと目で分かる、源泉かけ流しです。泉質は、ナトリウム-塩化物・炭酸水素塩泉。pH値を見るとほぼ中性（7・3）ですが、アルカリ泉のような吸着性とやわらかさを感じます。湯の花の浮遊でしょうか、完全な無色透明ではなくうっすらと白濁しているように見え、ハマグリのお吸い物を連想させるような色合い。ポイントは、主浴槽の一部が寝湯になっていること。注ぎ口から遠いためか少しぬるめになっていて、内湯のみの施設にしては長湯に向きます。

湯上がりには、畳敷きの休憩室でゆっくり休めます。全体的にやや古びた印象はありますが、それだけにしっとりと落ち着いた雰囲気。心安らかに過ごせる「かくれ湯」でした。

天井が高いので、熱気が籠もりにくい

生け垣と門構えが情緒を深める

吉川駅

吉川温泉「よしかわ天然温泉 ゆあみ」

濃厚源泉に智光薬、ナマズ料理で滋養強壮

JR武蔵野線吉川駅から徒歩1分　☎048-982-2647

小学生時代に、何度か釣りをしに訪れた吉川。なぜわざわざ吉川まで行ったのかが自分でも理解できないのですが、田んぼの近くの用水路のようなところで釣り糸を垂れていました。タナゴを狙ったのに、ザリガニばかり釣れたような記憶が残っています。

吉川駅の南口ロータリーには、金のナマズモニュメントがあります。埼玉県の東部は湿地や水路が多く、有数のナマズの生息地です。古くから、精がつく食材として食されてきました。きっと、私が釣りをしていた用水路にも、ナマズが棲んでいたのでしょう。

「よしかわ天然温泉 ゆあみ」は、北口ロータリーの先にあります。少し古い印象を受ける4階建てのビルディングで、1999年オープンの施設なのだそうです。浴室は、2階と3階を使ったメゾネットタイプになっています。入浴料は、900円(平日)。

金のナマズは、人間国宝の漆芸家・室瀬和美さんの作品

湯の色は、気温や気候などによって微妙に変化するという

薄く茶色がかったナトリウム－塩化物強塩泉が注がれているのは、3階浴室。少し湯の花が浮いていて、成分の濃さがうかがえます。体の芯から温めてくれる湯で、上がった後もしばらくポカポカして汗が止まりませんでした。私は喫煙者で、タバコの味を体温のバロメーターにしています。入浴後には、明らかにタバコの味が変わりました。まさか、このような身近な駅で印象深い良泉に出会えるとは思っていませんでした。源泉浴槽だけでなく循環浴槽やぬる湯などいろいろな浴槽があるのもうれしいところ。「ぬる湯」があるのが、実は大きなポイントです。

2階は、智光薬湯《ちこうやくとう》。智光薬とは、6種の生薬を配合した漢方薬の一種。11時半から先着50名に智光薬の原液を無料配布するとのアナウンスがあり、私も試してみました。原液を体（とくに具合の悪いところ）に塗り、しばらくおいてから薬湯に入ると、たちどころに効能が現れるのだそうです。居合わせた常連客も、「智光薬湯に入ると、羽がはえたように体が軽くなる」と言っていました。私は肩こり持ちなので、肩を中心に塗ります。すると、最初はなんともないのですが、1分ほど放置するとまさかの激痛！肩から火を噴くのではないかと思えるほど熱くなり、耐えきれずに浴槽へ駆け込みました。誰でも、初回は「痛い」と感じるのだそうです。それでも、上がった後にはメンソレータムを塗ったかのようにスーッとして、快感に変わりました。効能がとても強いので、肌の弱い人や傷口のある人は要注意です。私は、不慣れなこともあり、誤って原液を一滴だけ股間に垂らしてしまったのですが、ひどい膀胱炎のような、のたうち回るほどの激痛に襲われました。智光薬湯に浸かった後で3階浴室に戻ると、肌がヒリヒリして熱い湯船にはとても入れません。ここで、「ぬる湯」が本領を発揮するのです。なるほど、よくできています。

4階は、食事処「五ッ平太」。長湯を楽しんでだいぶお腹が空いていたので、この地域ならではの「なまず天丼」(930円)にトライしてみました。なまず天はやわらかく淡泊で、臭みは皆無。フグのようであり、とろっとした舌触りはウナギのようでもあり、とてもおいしいものでした。

浸かるだけでも効能が期待できる智光薬湯

タラの芽など、季節に応じた天ぷらも一緒に

西武秩父駅

西武秩父駅前温泉「祭の湯」

湯・癒・食がすべて揃った、秩父の新名所

西武秩父線西武秩父駅前　☎0494-22-7111

２０１６年、春。所用で秩父を訪れた際に、西武秩父駅に併設された横丁「仲見世通り」が解体されているのを見て、愕然としました。お祭りの出店屋台のような雰囲気の飲食店や土産物店が連なり、ほかの観光地にはない風情を演出していて好きだっただけに、その場で膝からくずおれてしまいそうになりました。

その跡地に建設されたのは、日帰り温泉施設「西武秩父駅前温泉 祭の湯」を中心とした、複合型商業施設でした。私にとって幸いだったのは、土産物店やフードコートに、仲見世通りの風情が再現されたこと。これから年月を重ねていくことで、どこにでもあるテーマパークとはひと味違った「風格」をまとってくれることを期待したいと思います。

館内に入ると、まずリノリウムのようなクッションの利いた床に「おっ！」と思いま

露天風呂は一部上屋付き。少々の雨なら大丈夫

す。入浴前はともかく、湯上がりの脱力した状態で固いフローリングの床を歩くのは、意外としんどいものです。本当は畳がよいのでしょうが、畳はメンテナンスが大変。絨毯も、シミなどが残りやすいうえ、起毛がむず痒く感じることがあります。このやわらかい床なら、館内をあちこち歩いたとしても、湯上がりの心地よさが長続きするでしょう。

浴室は、とても広々。長い長い仲見世通りの跡地だからこそ、これだけ広い浴室を造ることができたのでしょう。天然温泉が注がれた露天岩風呂のほかにも人工温泉や炭酸泉、シルク湯など趣向を凝らした浴槽をたくさん揃えています。

泉質は、含ヨウ素-ナトリウム-塩化物冷鉱泉。ヨウ素を含む温泉は黄色っぽく見えることが多いのですが、ほぼ無色透明で、癖のない湯でした。浴室が2階にあるため露天風呂の壁が低く、空が広く見えて開放的な雰囲気。秩父のシンボル・武甲山も望めます。ただ、私が訪れた日はあいにくの曇り空で、セメント採掘でゴツゴツした山肌はかすんでいました。

湯上がりには、畳敷きの寝ころび処や、パーソナルテレビを完備したリクライニングチェアなどでゆっくり休めます。別料金で、個室タイプの「プレミアムラウンジ」も利用できます。これだけ充実した休憩施設があるのなら、サッとひと風呂だけで退館するのはもったいない。半日費やすくらいの予定を組めば、980円の入浴料がかなり安く感じられるでしょう。金・土・祝前日および特定日には終夜営業しており、簡易宿泊も可能（深夜料金別途必要）。健康ランド好きの私としては、一度泊まりで利用してみたいところです。

食事処は、温泉施設内の食事処とは別に、温泉施設外にもフードコートがあります。フードコート利用の場合は、一時退館しての再入浴も可能。フードコートには6店舗入っているので、温泉施設内の食事処と合わせて、選択肢が7つ。そのすべてが秩父の名物グルメを扱っているだけに、どこで食べようかと悩んでしまいます。

私はそば好きなので、フードコートの「秩父そば・武蔵野うどん」で、「くるみだれそば」（700円）をいただきました。乱切りタイプの麺には秩父そばらしく大きな星がたくさん見られ、そばの香りを強く感じます。星がカリッと歯に触るので、多少好き嫌いが分かれるかもしれません。クリーミーなくるみだれにつければ、田舎風で荒々しかったそばの香りがまろやかになります。さらに、別皿提供の細かく砕いたクルミを加えると、ぐっとビターな大人の味になります。クルミとそばの香りが絶妙なところでバランスを保っているので、香りの強いネギやワサビの使い方はよく考えて。私は、まったく使わなくていいと思います。

温泉、休憩、食事のすべてが揃った施設なので、観光そっちのけでゆっくり過ごしてしまいそう。帰りの列車の乗り遅れには、くれぐれもご注意あれ。

街並みを眺めながらの休憩は格別

舞茸の磯辺揚げ（250円）を追加する手も

河辺駅

河辺温泉「梅の湯」

発想の転換で、癒し効果を最大限に

JR青梅線河辺駅から徒歩1分　☎0428-20-1026

河辺《かべ》駅北口には、再開発事業に伴って大きなツインビル「河辺タウンビル」が建ちました。その中に、日帰り温泉「梅の湯」があります。ビルの一部（5、6階）が温泉施設で、ほかのフロアには図書館や飲食店などが入居しています。近年、このような複合型商業ビル内に入居する形で、大都市部にも駅チカ温泉が増えてきています。複合型ビル内の施設は、エレベーターやビル内通路などの共用部分を占有することができないため、異彩を放つこともしばしば。梅の湯も、エレベーターや5階通路は区役所か病院のように味気ないのに、施設に入った途端に優雅な雰囲気に包まれます。まるで、「どこでもドア」を通ったような気分です。

泉質は、ツルッとした肌触りのアルカリ性単純泉。pH値は9・47と高く、かなりアルカ

露天の檜風呂は、天然温泉かけ流し

緑多き“おとなの秘密基地”だ

りを強く感じます。湯船に浮いた泡がなかなか消えないレベル。いわゆる「美人の湯」で肌がツルツルになるので、とくに女性にオススメしたい泉質です。

視覚に訴える癒しの演出もあります。露天風呂には生け垣や観葉植物・低木などをたくさん配置し、湯と同時に森林浴も楽しむような気分を味わえます。そのぶん通路が狭くなっていますが、野道を歩くような気分を楽しめ、かえって好印象。広い敷地をあえて狭く使う逆転発想に驚きました。〝野道〟には四季折々の花が咲き、華やかさもあります。また、河辺駅や南口方面の街並みを眺めることもできます。21時以降は割引料金の560円で入浴できる（通常860円）ので、夜景を楽しみながらゆったり過ごす手もありそうです。

上星川駅

横浜温泉「満天の湯」

２大会連続準優勝の接客で、気持ちよく「黒湯」を堪能

相鉄本線上星川駅前　☎０４５－３７０－４１２６

交通量の多い国道16号線近くに位置する上星川《かみほしかわ》駅前にも、都市型の駅マエ温泉があります。スーパーマーケットやフィットネスジムと一体化した建物の、「満天の湯」です。都市型の施設にしては珍しく、大きな立体駐車場を備えています。玄関先には、江戸時代の宿場町をイメージした演出があり、テーマパークのような雰囲気。入浴料は、８３０円です。

まず私が気に留めたのは、外壁に掛けられた大きな垂れ幕でした。「第４回おふろ甲子園決勝大会出場決定」と記載されていました。「おふろ甲子園」は、温浴施設の接客サービスを競う大会で、第４回となる２０１７年には全国から47施設がエントリーし、優秀な成績をおさめた6施設により決勝大会が行われました。満天の湯も決勝大会に進み、惜しくも優勝とはならなかったものの、２大会連続での準優勝に輝きました。

記念撮影は、玄関先で

浴槽は、全部で14種類も揃う（写真提供：横浜温泉「満天の湯」）

琥珀色をした天然温泉は、露天風呂の3つの浴槽に注がれています。日光が当たるとキラキラ光る、見た目にも綺麗な湯で、浸かると肌がツルツルになるアルカリ泉でした。色合いも、少し甘いような匂いも、関東圏に多い「黒湯」の特徴です。この色合いは植物性の有機物に由来するもので、人工的なものではありません。もちろん人体には無害です。

私がおふろ甲子園準優勝の実力を垣間見たのは、退館間際のことでした。濡れたタオルを手に持ったまま出ようとしたら、女性スタッフが「よかったらどうぞ」とビニール袋を差し出してくれたのです。お節介ではなく、かといってビジネスライクでもない、絶妙なバランス感覚の接客だと感じました。次回の第5回大会では、ぜひ悲願の優勝を勝ち取ってほしいと思います。

鶴巻温泉駅

鶴巻温泉「弘法の里湯」

成分濃厚な名湯につき、湯あたりに注意を

小田急小田原線鶴巻温泉駅から徒歩2分　☎0463-69-2641

新宿から、小田急線の急行で約1時間。都心から近く、手軽に温泉街の雰囲気を楽しめる鶴巻温泉。箱根や熱海のように観光客が大挙して押し寄せるわけではなく、しっとりした落ち着きのある温泉街です。一方では、温泉街を取り巻くように宅地開発が進み、ベッドタウンの色合いも濃くなってきています。特色をひとことで語るのが難しい、いろいろな要素が複雑に絡み合った街です。

日帰り専門の「弘法の里湯」は、高層マンションの裏手にあります。大きな建物ですが派手な装飾はなく、切妻屋根の落ち着いた佇まい。温泉街の情緒を乱さない、街並みに溶け込むような建物です。駅と温泉街を切り離すように建っている高層マンションが情緒を乱していて残念だと感じるのは、よそ者のエゴでしょうか。

入浴料は、８００円（2時間以内）。内湯も露天風呂も比較的ぬるめの温度設定で、ついつい長湯をしたくなります。しかし、長湯によって湯あたりをすることがあるそうで、注意喚起の貼り紙が出ています。確かに、浅めで寝湯に近い感覚で利用できる露天風呂が気持ちよすぎるあまり長湯を楽しんだ私は、湯上がりに脱力感で腕がなかなか上がらなくなりました（これは湯あたりではなく、単なる湯疲れでしょうか）。

湯あたり注意ということは、温泉成分が濃いということでもあります。無色透明のカルシウム・ナトリウム-塩化物泉で、見た目だけでは濃さを実感できないだけに、油断は禁物です。かけ湯をして体を慣らす、無理な長湯はしない、入浴頻度を適切にするなど、予防に努めましょう。

少し肌に残る湯なので、上がり湯使用を推奨

足湯だけでなく、温泉スタンドも無料

箱根湯本駅

箱根湯本温泉「かっぱ天国」

駅の裏手は別世界。秘境ムードの駅チカ温泉

箱根登山鉄道箱根湯本駅から徒歩5分　☎0460-85-6121

箱根山・大涌谷での火山活動活発化で2015年に観光客数が落ち込んだ、箱根。しかし、その後火山活動は終息に向かい、観光客数も徐々に回復しています。宿泊客・日帰り客を合わせると年間のべ約2000万人が訪れる観光地であるだけに、今後の火山活動の動静が気になるところです。箱根町の調査によると、箱根を訪れる観光客の80%近くが、日帰り客なのだそうです。都心から近く、鉄道でのアクセスが便利で、また温泉を筆頭に芦ノ湖や多くの博物館・美術館、そして風光明媚な景色など、箱根に内包される多くの名所が、日帰り観光客の心を射止めています。

箱根湯本駅は、広範囲に及ぶ箱根の玄関口となる交通の要衝です。小田急線の特急ロマンスカーが乗り入れており、緑豊かな立地には似合わないほど大きな駅舎を備えていま

す。ここを起点に、登山列車に乗り換えたり、路線バスやタクシーを利用したりして、思い思いの場所へ足を延ばしていくのです。一方では、駅周辺にたくさんの温泉ホテルや土産物店があることから、箱根湯本を目的地として観光を楽しむ人の姿も多く見られます。交通の要衝であり、観光地でもある。箱根湯本は、そんな二面性ががっぷり四つに組みつき、一歩も引かずにせめぎ合っているような印象の街でした。

レトロ感と斬新さが融合した駅前の土産物店街

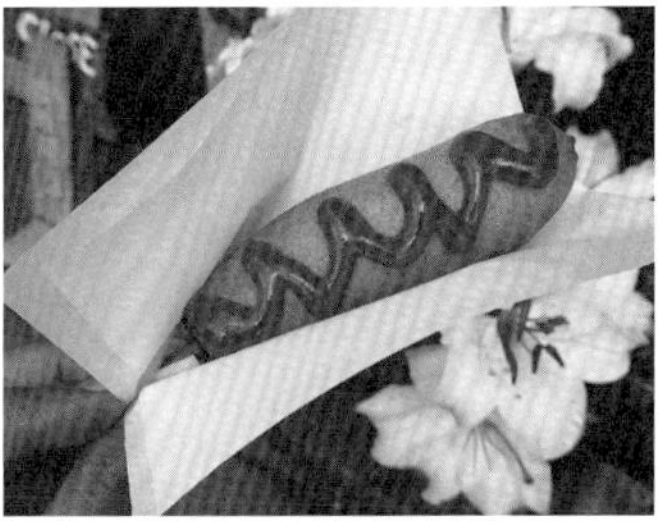

カマボコ入りの「小田原ドッグ」も美味

鉄道の便がよい温泉地なのですから、駅マエ・駅チカの日帰り温泉は需要が高そうです。箱根エリアでは、多くの温泉ホテルが日帰り入浴客を受け入れています。日帰り専門の温泉施設も点在しています。そのなかで、私は箱根湯本駅のすぐ裏手にある駅チカ温泉「かっぱ天国」を利用してみました。

箱根登山鉄道のガードをくぐって駅の裏手に回ると、雰囲気が一変します。急峻な崖を切り開いた坂道に沿って古い住宅や旅館があり、背後にはこんもりとした緑の山。住宅と住宅の間の階段を上って、山の中に分け入ったところにかっぱ天国があります。徒歩5分ほどなのですが、往路はずっと上りの坂道と階段なので、滝のように汗をかきました。荷物運搬用のトロッコレールが敷かれているのを見て、改めて地形の険しさを実感します。

駅チカなのに、「山奥の一軒宿」のような静かで落ち着いた佇まい。穴場感がひしひしと漂っています。玄関を入って正面にある番台は、無人でした。階下で物音が聞こえていたので「すみませーん」と声をかけると、お婆ちゃんがよちよちと上がってきました。やっぱり、長閑です。入浴料は、800円。箱根界隈の日帰り温泉施設はたいてい1000円超えなので、ちょっと割安に感じる価格設定です。

だいぶ老朽化が目立つ施設は、昭和中期に建てられた温泉旅館のようなムード。その後バブル期の客数増加に伴って、増築を繰り返したのではないかと思わせる造りです。浴室へ続く長い廊下を歩くと、時折ベコベコと音が響き、またギシギシときしみます。こういった建てつけの悪さがかえって秘境ムードを高めていて、私は好きです。

この施設の最大の特徴は、内湯がないということ。浴室内にあるのは源泉かけ流しの露

広い湯船の底付近から、熱めの源泉が湧き出ている

駅や線路を見下ろす崖上に立地

天風呂ひとつだけで、洗い場も露天になっています。冬場の利用はちょっと厳しいかもしれません。幸いにも、訪れたのは夏のはしりの5月。木立の間から絶えず小鳥のさえずりが聞こえてくる中で、快適に利用できました。

湯は、無色透明・無味無臭のやわらかい泉質。少々アルカリを感じます。私は、箱根の温泉に対して、火山性で硫黄を多く含むイメージを持っていました。しかし、硫黄の臭いはまったく感じませんでした。箱根には多くの源泉があり、エリアや施設ごとに泉質が違うのです。白濁した硫黄泉は、主に強羅から奥の山岳エリアでみられます。いっぽう、湯本から宮ノ下にかけての山麓エリアには、単純泉やナトリウム－塩化物泉など癖のない泉質の源泉が多いのです。もちろん泉質によって効能も異なりますので、箱根で入浴あるいは宿泊する際には、泉質を決め手に選ぶのもよいでしょう。

湯上がりには、大きな囲炉裏を配した広間で休憩できます。居合わせたのは、地元のお年寄りが中心。にぎやかな温泉街からほんの5分で、時が止まったかのような秘境情緒を味わえます。交通の要衝と観光地という二面性に続いて、にぎやかさと静けさ。ここでもまた、箱根湯本の二面性に驚かされたのでした。

第4章

中部

甲斐大泉駅

甲斐大泉温泉「パノラマの湯」

眺望抜群の露天風呂で、「浸かりっぱなし」の長湯を

ＪＲ小海線甲斐大泉駅から徒歩２分　☎０５５１－３８－１３４１

春爛漫の４月上旬。小淵沢駅で小海線に乗り換えて、甲斐大泉駅に降り立ちました。２両編成のディーゼルカーは、南アルプスや八ヶ岳の絶景を眺めながらなんとか長い上り勾配を走り切りました。小淵沢〜野辺山間は観光客の利用が多く、ラッシュの通勤列車のようになることがあります。この日もわりと混雑していて、「２両ではなく、４両くらいつなげてほしいなぁ」と思ったほどです。

八ヶ岳の山麓は、まだ春の手前。雪は溶けているものの、吹き下ろしの風は里に吹く風よりも明らかに冷たく、１か月くらい過去に逆戻りしたような錯覚を覚えたのでした。

駅チカ温泉「パノラマの湯」は、その名にたがわぬ、裾野方面の眺望が広く開けた開放感抜群の施設でした。広い湯船の露天風呂からは、富士山まで望めます。入浴料は、

帰りは、世界で初めて小海線に投入されたハイブリッド気動車で（小淵沢駅にて）

季節感たっぷりの景色を楽しめる露天風呂（写真提供：甲斐大泉温泉パノラマの湯）

820円。ややぬるめの湯はほぼ無色透明・無味無臭で、中性のナトリウム－炭酸水素塩泉。強い癖がない湯なので、長湯に向きそうです。露天風呂がある施設では、熱い湯船に浸かって、のぼせたら湯から上がって少し休んで、その繰り返しで長湯を楽しむことが多いものです。しかし今回は、ずっと湯船に浸かったまま長湯を楽しみました。季節にもよると思いますが、むしろ湯船から上がって休むと風が冷たく、湯冷めしてしまいそう。肌を刺すような春先の高原風は、裸で浴びるにはちょっと刺激が強いです。これが真夏だったら、湯船から上がってのひと休みが天上の楽園のような気分だったかもしれません。

湯上がりには、渡り廊下でつながったレトロな別棟の食堂で、「ステーキ丼そばセット」（1400円）をいただきました。ステーキ丼は、肉厚の牛肉をひと口大にカットし、食べやすさとボリューム感を兼ね備えた一品。なお、ステーキ丼は期間限定メニューのためその後終売し、現在は「甲州麦芽ビーフのステーキ重」（1450円）になっています。

それにしても、なぜ食堂が別棟なのでしょうか？　聞いてみると、別棟はもともとこの場所に建っていた宿泊施設「いずみ荘」で、後から日帰り温泉施設を増設したとのこと。なるほど、渡り廊下を抜けるとレトロな雰囲気になったのは、先に建っていたからなのです。

北杜市から指定管理を受けて運営しているのは、なんと小淵沢の駅弁事業者「丸政」のグループ会社。以前に「駅そば」の取材でお会いした担当者と、ここでまさかの再会！本書の取材活動の中で、一番のサプライズでした。ということは、ステーキ丼そばセットのそばは、「丸政」の駅そばと同じなのか。個人的に、そこも興味の対象になります。だからこそ、「そばセット」を注文したのです。

結論を言うと、駅そばとは別物でした。麺は、駅そばよりも色白で、歯ごたえが強く、香りが上品なものでした。つゆは、駅そばよりもカツオ出汁が強く感じられました。

運営事業者を知った途端に愛着が倍増してしまった、現金な私。道の駅「こぶちさわ」に隣接した「スパティオ小淵沢」（小淵沢駅から徒歩約30分）も、同社が運営する施設なのだそうです。こちらにも、近々入浴しに行って、やっぱりそばを食べてみようと思います。

マイタケとシシトウがアクセントになる

玄関先には、無料の足湯と飲泉所がある

平岡駅

駅ナカ温泉を、秘境駅めぐりのおともに

平岡温泉「ふれあいステーション龍泉閣」

JR飯田線平岡駅構内　☎0260-32-1088

数多くの秘境駅があることで知られる、飯田線。地元の利用客は少ないのですが、カメラ片手の鉄道ファンが大挙して押し寄せる路線です。毎年春・秋に運行している全車指定席の臨時急行列車「飯田線秘境駅号」は、いつも満席。２０１７年には信州デスティネーションキャンペーンと飯田線全線開通80周年記念で夏季にも秘境駅号が運行されるなど、秘境駅ブームは過熱するばかり。秘境駅は、もはや立派な観光資源なのです。

平岡駅は、北に千代駅・金野《きんの》駅・田本駅・為栗《してぐり》駅、南に中井侍《なかいさむらい》駅・小和田《こわだ》駅と、秘境駅が多いエリアにあります。飯田線秘境駅号は平岡駅にも停車し、とくに下り（豊橋→飯田）では40分の停車時間が設定されています（上りは20分程度の停車。上下線とも２０１７年秋の時刻）。この時間を利用して、駅ナカ温泉「ふれあいステーション龍泉閣」でひとっ

風呂浴びてはいかがでしょうか？

駅舎の４階にある浴室は、内湯のみのコンパクトな造り。浴槽に指を入れただけで分かるほどのアルカリ泉で、上がった後に肌がスベスベになります。窓越しには、駅前の集落と、その奥に天竜川の清流を望めます。長湯を楽しむタイプの施設ではないので、40分の停車時間がちょうどよいでしょう。入浴料も、３００円と格安です。

平岡駅は秘境駅ではありませんが、周辺の道路がたびたび土砂崩れなどで通行止めになるので、行くのは少々大変。この不便さが、観光客の心をわしづかみにします。やっとたどり着いた先でめぐり会う温泉は、都会で浸かるのとはひと味違うと感じさせてくれました。

天竜川の清流のように澄んだ湯

土産物購入のほか、食事や宿泊も可能

湯田中駅

湯田中駅前温泉「楓の湯」

観光客にも外湯を！ 切な思いに応える駅チカ温泉

長野電鉄長野線湯田中駅から徒歩1分　☎0269-33-2133

長野電鉄の終着・湯田中駅。周辺には、路地が複雑に入り組んだ、古きよき温泉街が広がっています。長野オリンピックに合わせて国道292号線の高規格バイパスが整備され、温泉街を通過する車が減少したこともあり、浴衣と下駄が似合うしっとりとした雰囲気に包まれています。

温泉街を歩くと、頻繁に外湯に出会います。しかし、残念ながら日帰りの観光客は基本的に利用できません。駅前から東方向に延びるメインストリートを10分ほど歩いただけでも、白樺の湯・滝の湯・わしの湯・錦の湯・大湯と5つの外湯に出会ったものの、いずれも出入口は固く施錠されていました。これらの外湯は、各施設を管理している温泉組合員専用の浴場なのです。近年、旅館などの宿泊客は、その旅館が属している組合の外湯に限り入浴できるようになっていますが、それでも外湯を「めぐる」ことはできません。なぜなら、施設ごとに管理する組合が異なるためです。観光客が外湯めぐりを楽しむ方法は、ひとつだけ。それは、毎月26日（ふろの日）に訪れることです。この日だけは、時間帯限定ながらすべての外湯が観光客にも無料開放されるのです。これはちょっと難易度が高いので、また別の機会に挑戦しようと思います。このように、湯田中温泉は観光客が日帰りでふらっと立ち寄っても、なかなか楽しめない場所だったのです。

　しかし、誰でも日帰りで気軽に利用できる施設が、2003年にオープンしました。それが、現駅舎の裏手、旧駅舎を利用した「楓《かえで》の館」に隣接する「楓の湯」です。なみなみと湯が張られた内

駅から一番近い外湯・白樺の湯

外湯のほかに、随所に足湯や汲み湯場がある

湯に露天風呂も楽しめて、入浴料はわずか３００円。湯量豊富で源泉温度が高いからこそできる低価格設定です。源泉温度は約93度で、引き湯して一度枡に溜めることで60度まで下げ、43度になるよう加水調整して湯船に注ぎ入れています。泉質は無色透明のナトリウム-塩化物・硫酸塩泉で、かすかな硫黄臭を感じます。弱アルカリ性との表示がありますが、肌触りの印象としては中性。キュッと締まったようなイメージの湯でした。

敷地が細長いためでしょうか、露天風呂は細長い湯船になっていて、掘割のような雰囲気。一番奥が打たせ湯になっています。湯が熱めなので、湯船からあふれ出た湯が流れている石畳に体を横たえれば、寝湯のような感覚になります。

風呂上がりには、ちょっと休める畳敷きの休憩室があります。ここもやっぱり、細長い造り。窓越しには、ホームや湯田中駅を発着する列車を眺められます。ホームを眺められる温泉施設はほかにもありますが、たいてい階上から見下ろす形になるもの。ここは平屋建てなので、フラットなアングルでホームを眺められるのです。

観光客向けの施設だろうと思っていたのですが、居合わせたのは地元のお年寄りが中心。入浴を後にして、入館するなり休憩室に直行して談笑する人が多かったのが印象的でした。入浴と休憩を両方できる施設を渇望していたのは、観光客だけではなかったようです。

狭いゆえに、かえって落ち着ける露天風呂

休憩室は譲り合って。横になるのは控えたい

別所温泉駅

別所温泉「あいそめの湯」
信州最古の名湯を、景色や桜とともに楽しむ

上田電鉄別所線別所温泉駅から徒歩1分　☎0268-38-2100

線路は「どこまでも続く」イメージがあるので、片方向にしか線路がない終着駅には独特な侘しさが感じられるものです。ところが浴衣姿の駅員さんが出迎えてくれる別所温泉駅は、周辺道路から階段を下りた、少し低いところに木造駅舎が建ち、名湯の玄関駅としての旅情が感じられます。行き止まりの線路のすぐ先が壁になっていて、この先に線路が延びることはないだろうとひと目で思ってしまうような光景も味わいがあります。

駅を出て階段を上がると、正面にY字路。これを左に入って坂道を上り、住宅地を抜けて、大きな旅館「花屋」の前を通過すると、別所温泉に3つある外湯のひとつ「大湯」の前に出ます。朝早くから、近くのホテルに宿泊している浴衣姿の観光客でにぎわっていました。ここまで歩いて、駅から5分くらい。沿道では、淡いピンク色のソメイヨシノが満

開を迎えていました。ゴールデンウィーク直前（訪問は4月25日）に満開を迎えるのですから、東京より1か月近く春の訪れが遅いということになります。

別所温泉の歴史は古く、信州最古の温泉と言われています。清少納言の『枕草子』に登場する「七久里の湯」が起源とする説もあるほどです。12世紀に木曽義仲軍が信州平定に向かった折に多くの寺院建築が荒廃したものの、源頼朝や塩田北条氏によって再建され、繁栄しました。この史実に基づいて、別所温泉や塩田平一帯が「信州の鎌倉」と呼ばれるようになったのだそうです。

別所では、桜と鯉のぼりを同時に見られる

150円で入浴できる大湯

大湯は、切妻造の起《むく》り屋根と入母屋造の照り屋根を組み合わせた、重厚感のある和風建築。満開の桜が、実によく似合います。玄関先には、「木曽義仲ゆかりの葵の湯」と刻まれた飲泉塔があり、無料で利用できます。また、近くには無料の足湯と「洗い湯」もあります。洗い湯は、源泉を利用した洗い場で、地元住民が台所のシンクのような感覚で利用しています。温泉街内に、全部で13か所あります。温泉が日常生活に浸透している様子が見てとれます。ただし、関係者以外の使用は禁止されていますので、ご注意を。

これらの歴史ある外湯とは別に、駅のすぐ近くに日帰り温泉「あいそめの湯」がオープンしたのは、２００８年のこと。１９７２年にオープンした「相染閣」の老朽化を受けて、建て替えられたものです。道の狭い温泉街を分け入っていく必要がなく、また駅からも近いので、車でも鉄道でも行きやすい温泉施設として人気を集めています。入浴料は５００円で、外湯と比べると高い設定ですが、広い内湯に塩田平を一望できる露天風呂があり、シャンプーなどのアメニティも揃っています。

泉質は、単純硫黄泉。硫黄泉というと、白濁した酸性泉のイメージが湧きます。しかし、ここの湯はアルカリ性で無色透明でした（天候などによって湯色が変わることもあるそうです）。湧出口に顔を近づけると、特有の卵が腐ったような臭いがツンと鼻を突きます。

私が気に入ったのは、露天の壺湯。ふたつの壺湯は男湯が「真田三代風呂」「十勇士風呂」、女湯は「六文銭風呂」「奥方風呂」と名付けられており、良質な温泉をひとり占めに

壺湯は上屋付きで、全天候対応

できます。湯船が小さく、常に新鮮な湯を湛えているため、ほかの湯船よりも硫黄の臭いが強く感じられます。また、両手両足を湯船の縁にもたせかけた体勢で入浴できるのです。混雑時には譲り合って利用しなければなりませんが、私が訪れたときには比較的空いていたので、気兼ねすることなく長湯を楽しめました。

そして塀越しには、なんと満開の桜も！　良泉に浸かりながら塩田平の雄大な景色と桜を両方いっぺんに楽しめるなんて、これ以上の贅沢はないでしょう。信濃の春を最高のタイミングでめいっぱい堪能し、心も体もほがらかに旅を続けることができたのでした。

熱海駅

熱海温泉「熱海駅前温泉浴場」

新旧融合で復活する熱海で、「旧」の共同浴場を満喫

ＪＲ東海道本線ほか熱海駅から徒歩3分　☎0557－81－3417

バブル崩壊後の経済低迷でホテル群が廃墟と化し、いっときは「第2の夕張」とさえ噂されていた、熱海。しかし、近年は観光客数が回復傾向にあり、活気が戻ってきています。

このＶ字回復を象徴するのが、２０１５年に完成したＪＲ熱海駅の新駅舎です。多くの店舗が入居した駅ビル「ラスカ熱海」を併設（駅ビルの開業は２０１６年）し、古きよき温泉街に斬新な一石を投じました。熱海復活のキーワードは、ずばり「新旧融合」なのです。駅前の足湯に併設されていた間歇泉（人工的なもの）は解体されてしまいましたが、足湯自体はひと回り大きく、そして綺麗になって復活しています。

一方の共同浴場には、まだ新旧融合の風は吹き込んでいません。かつて温泉街のいたるところにあった浴場は次々に廃業し、寂しい状況になっています。しかし、駅前通り沿い

の「熱海駅前温泉浴場」は健在でした。入浴料は、５００円。ピンク映画館を思わせるような小さなチケットボックスで支払います。

施設は、シンプル。家族湯のような湯船がひとつと、洗い場が６人分。湯温が高く熱気が籠もりやすいので、長湯には向きません。私が30分ほど湯を楽しんだ間に３人入って、みな私より先に出ました。地元住民は、だいたい15分前後で入浴を済ませているようです。

配管がむき出しになった造りに時代を感じる

饅頭店の湯気も、温泉街の情緒を高める

やや緑色がかって見えるナトリウム・カルシウム‐塩化物泉には少しとろみがあり、舐めると塩味を感じます。設備のわりに入浴料が高い印象は否めませんが、泉質は折り紙つきです。失われつつある「オールド熱海」を懐かしみたい方にピッタリの、郷愁に満ちた浴場でした。

花白温泉駅

花白温泉「花白の湯」

日本一の細寒天の里で楽しむ、温泉と白湯の入り比べ

明知鉄道花白温泉駅前　☎0573-56-2020

岐阜県恵那市の山岡地区は、細寒天の生産量が日本一。乾燥させた商品の販売はもちろんのこと、多くの飲食店で寒天ラーメンなどのアレンジ料理を提供しています。そばを注文して、ワカメのような感覚で細寒天がトッピングされることもあります。ゼリーやジュースなどの加工品も多数。花白《はなしろ》温泉駅前には、寒天製造で実際に使用していた釜を再利用した「寒天大釜風呂」もあります（入浴は、不定期のイベント開催時のみ）。

その山岡地区を走る明知鉄道は、観光誘致に力を入れています。私が訪れた日にも、明智駅近くの日本大正村や山岡駅併設の「かんてんかん」などを訪れる観光客が、想像していたよりもだいぶ多く乗車していました。そしてもちろん、花白温泉駅前の日帰り温泉「花白の湯」にも、列車を降りた人々が続々と入館していきました。

入浴料は、５４０円。温度の低い源泉を薪ボイラーで沸かして、浴槽に注いでいます。ふたつに分かれた浴槽は、片方が天然温泉、もう片方は白湯。泉質は、ラドン放射能泉。足先を浸しただけで分かるほどアルカリが強く、pH値は９・６とかなり高い値を示しています。白湯と入り比べると、違いがよく分かります。広い露天風呂があるわけではなく、雄大な景色を望めるわけでもありませんが、とても強く印象に残る温泉でした。

右が温泉、左が白湯。色では見分けがつかない

寒天大釜風呂と１両編成の列車

湯上がりには、食事処で「寒天ラーメン」（６４８円）を、ぜひ。私は別の飲食店で食事を済ませていたので遠慮したのですが、この後に立ち寄った明智駅隣接の喫茶店で「花白温泉の食事処は有名な料理人が作っているから、おいしいよ」と聞いて、少々後悔することになりました。

下呂駅

♨

道や橋から丸見え！ 水着着用で入る無料露天風呂

下呂温泉「噴泉池」

ＪＲ高山本線下呂駅から徒歩３分　☎０５７６－２４－２２２２（下呂市観光課）

「土日にもなれば、若い人は名古屋辺りから車でかっ飛んでくるよ」

居合わせた地元の人からそう聞いたのは、２００６年のこと。下呂駅を出て右手の地下道で駅裏に回り、飛騨川を渡る下呂大橋のたもとの河川敷。24時間（早朝の清掃時間を除く）無料で入浴できる、混浴の露天風呂があります。遮るもののない河川敷で、そばに橋が架かっているのですから、まさに丸見え。入浴するのに少々度胸が必要な浴場です。２００６年の時点では、男性は裸（水着着用不可）で、女性のみ水着着用が認められていました。裸で入浴したい女性は、入浴者が少なく、闇夜に紛れて人目につきにくい深夜帯に多く来ていました。しかし、そこは男性陣もお見通しで、血気盛んな若者グループなどが深夜に続々やって来ます。結局、深夜帯が一番混雑するという珍現象が起こっていました。あれから10年あまりで、どう変わっているのか。今回は、それを楽しみに再訪しました。

湯に浸かる前に、少し温泉街を散策します。下呂駅は下呂温泉の中心部から少し外れていて、下呂大橋を渡った先、阿多野谷に沿ったエリアに旅館や土産物店などが連なっています。この辺りには、無料の足湯もたくさんあります。なかでも面白かったのは、下呂温泉神社のすぐ近くにある「さるぼぼ神社」。さるぼぼとは、岐阜県飛騨地方で伝統的に作られている、猿の赤ちゃんをモチーフにした人形。真っ赤な体と、目・鼻・口がないのっぺらぼうな顔が特徴です。さるぼぼ神社には、赤だけでなく青・緑などさまざまな色のさるぼぼ像があり、それらに囲まれて無料の足湯を楽しめます。さるぼぼは女性の間で人気が高いようで、神

柳並木が美しい阿多野谷と温泉街

さるぼぼ神社では、七福神も全部さるぼぼ

社入口脇のグッズ店「さるぼぼはうす」を覗いていたのは、女性ばかりでした。

さるぼぼはうすでは、ご当地手持ちグルメ「飛騨牛まん」を販売していたので、ひとつ食べてみました。一般的な中華まんよりもやや小ぶりで、お値段は450円。少し高い印象を受けますが、結構しっかりと肉が入っていて、食べごたえがありました。やわらかすぎず質感のある生地が、濃い味付けによく合っていました。

温泉街散策を満喫したら、噴泉池の露天風呂へ。真っ昼間とあって女性は来ておらず、先客は若い男性3人。みな、水着姿で入浴していました。2010年2月から、男女とも水着着用が義務づけられたのです。私は、風呂は裸で入るものだと思っているので、ちょっと残念に感じました。橋の上から丸見えということで、裸での入浴が一般観光客に不快感を与える恐れがあると考えられたのでしょう。ちなみに、浴場には脱衣所がありませんが、橋の下のトイレで着替えることはできます。

泉質は、サラサラしたアルカリ性単純泉。無色透明で癖のない、やわらかな湯です。これほど開放感のある露天風呂は、街なかにはそうそうないので、行ってみるだけでも価値があるでしょう。水着の用意がなくても、足湯として利用できます。でも、行ってみたら全身浸かりたくなる可能性が高いので、一応水着を持参しておいたほうがいいと思います。

浴場内禁煙・ビン類持ち込み禁止。マナーはしっかり守ろう

飛騨牛まんはかなり熱いので、手も口内もやけどに注意

越後湯沢駅

越後湯沢温泉「酒風呂 湯の沢」

日本酒の名産地で楽しむ、日本酒を注ぎ足した駅ナカ温泉

JR上越線ほか越後湯沢駅構内 ☎025-784-3758

ショッピングや飲食店、そして日本酒のテーマパーク「ぽんしゅ館」まで揃っている、越後湯沢駅。夏の避暑に冬のスキー、とにかく観光客の乗降が多い駅です。構内にスキー板専用のコインロッカーがあり、そして駅ナカの各店舗前にもスキー板置き場がある光景は、ほかの駅ではなかなか見られないものでしょう。

駅の中をウロウロと練り歩くだけでも、結構楽しめます。もっとも印象的だったのは、高さ約3・5m、幅約2・7mの巨大な吊るし雛。布で作った人形や花などを吊るして、長寿や健康を願う飾りです。東日本大震災からの復興を祈念して製作されたもので、ここ越後湯沢駅と、十日町市、そして津南町のものを合わせて「雪国越後三大つるし雛」と呼ばれています。遠目に見ると整然としたまとまりを感じるのですが、間近に見るとひとつひとつと

して同じ飾りはありませんでした。見学は無料。ぜひ足を止めたいスポットです。

ぽんしゅ館には、地酒の販売店のみならず、県内の代表的な銘柄の利き酒ができるコーナー（500円で5種まで試飲可）、玄米コシヒカリの量り売りコーナー、有名な「八海山」を造る酒蔵の甘酒を使ったソフトクリームを楽しめるカフェ「糀らって」などがあります。そして一番奥に、駅ナカ温泉「酒風呂 湯の沢」があります。日本酒に特化したスポットにあるので、天然温泉の湯船に日本酒を加えた、一風変わった温泉入浴施設になっています。入浴料は、800円。スキー客の利用を想定しているためでしょうか、脱衣所のロッカーは特大サイズになっています。

浴室はコンパクトな造りで、15人くらい入れそうな湯

手づくりならではの、愛嬌ある吊るし雛

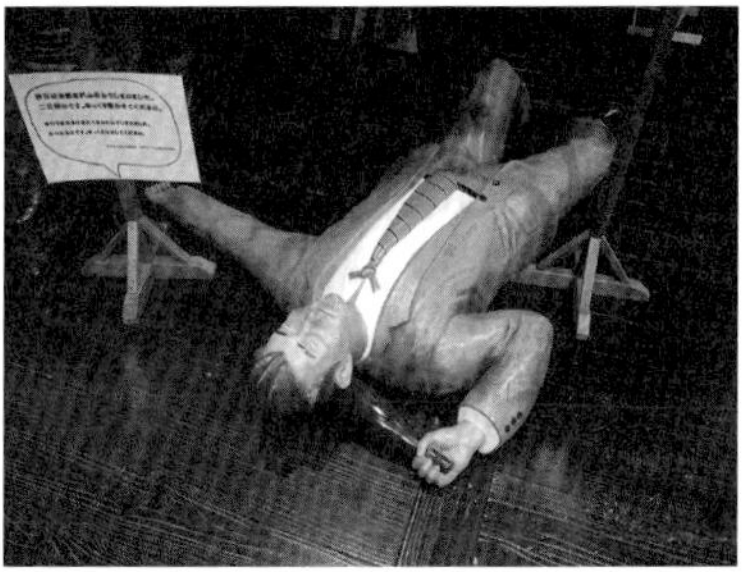

「ぽんしゅ館」には、こんな蝋人形も

船がひとつと、洗い場が7人分。湯は、無色透明・無味無臭。注ぎ口から出ているのは天然温泉で、定期的に浴用専用の日本酒を注ぎ足しているそうです。飲んでも日本酒の味はしませんし、酔えません。もちろん、未成年者も入浴できます。泉質は、肌にやさしいアルカリ性単純泉。浴用酒を加えることで効能が増し、疲労回復や美容、さらには育毛促進も期待できるのだそうです。湯上がりには、「糀らって」内の席で無料休憩もできます。

お腹が空いたので、駅ナカにあるラーメン店「魚沼ら〜めん雁舎《がんや》」で、「酒粕らーめん」をいただきました。麺を、通常麺（800円）と米粉麺（880円）から選べるとのことで、より越後らしい米粉麺を選択。米粉は魚沼産コシヒカリで作っているとのこと。店内に大きな米袋がたくさん積まれていたので、これを使って店内で製粉・製麺しているのでしょう。食べてみての印象は、もっちりしていながら歯切れがよく、いつまでも口の中に残るしつこい甘みはなく、さっぱりと後切れのよい麺でした。

私は酒粕があまり得意ではなく、注文して食べるのは異例のことです。味噌ラーメンだったら合うかもしれないと思ってのチャレンジ。結果は、読みどおりでした。酒粕の香りが結構強いのですが、味噌の旨味と一緒ならおいしく食べられます。食後に体がポカポカと温まり、真冬に食べたらもっとおいしく感じたのではないかと思いました。

少しとろみを感じる湯。上がった後に、肌がスベスベになる（写真提供：「ぽんしゅ館」）

味噌ラーメンに、ピンポン球大の「酒粕ボール」をトッピング

東新津駅

塩分が強くてとろみがある、不思議な湯

秋葉温泉「花水」

JR磐越西線東新津駅前　☎0250-24-1212

東新津駅を出て左前方に、小さな無人駅とは不釣り合いな、シックでゴージャスな日帰り温泉施設「花水《かすい》」があります。静かな休憩室や高級感のある食事処のみならず、照明を落としたヒーリングルーム（追加料金不要）や、ボディケアをはじめとした各種トリートメントサロンなどを完備。後の予定を気にせず、一日のんびり過ごすつもりで利用するのがオススメです。使い方によっては、950円の入浴料がたいへん安く感じられます。

男性浴室は、天井の高い内湯と、小鳥のさえずりが間断なく聞こえる露天風呂。露天の湯船脇には小さな池があり、小鳥がたびたび水浴びをしにやって来ます。泉質は、弱アルカリ性のナトリウム-塩化物泉。舐めてみると、塩味を強く感じます。pH値は7.2と中性に近い値を示していますが、肌触りがとてもやわらかく、もっとアルカリが強そうに感じ

ます。新潟県胎内地方の温泉は石油成分を含むことが多い（日本の石油産地のひとつでもある）ので、ここの湯も少し油分を含んでいるのかもしれません。これだけ塩分が強くて、なおかつとろんとしたやさしい肌触りの湯は、ほかではなかなか出会えません。

うっかり列車の時刻を確認せずに退館してしまい、東新津駅で1時間以上の待ち時間が発生。ただ待つのも退屈なので、新津駅までブラブラ歩くことにしました。途中、鉄道での町おこしに取り組む「にいつ0番線商店街」を歩いていたら、呉服店の若旦那に声をかけられました。商店街に観光客が来ていることがうれしかったようで、地元の小学生が考案したグッズデザイン原画などを見せていただきました。この商店街も、今度ゆっくり練り歩いてみたいものです。

身を沈めると湯船から湯があふれる。男性内湯（写真提供：秋葉温泉「花水」）

呉服店の若旦那からいただいた、記念品の数々

津南駅

津南駅前温泉「リバーサイド津南」

線路を見下ろす駅ナカ温泉に、遅い春の暖を求めて

JR飯山線津南駅構内　☎025-765-4733

1両編成の列車から降り立った津南《つなん》駅。この辺りは全国でも有数の豪雪地帯で、4月に入ってもなお、街は白雪に埋め尽くされていました。陽射しにはぬくもりが感じられるものの、信濃川に沿って吹き抜ける風は刺すように冷たく、暖を求めて駅舎に駆け込みます。

駅ナカに温泉施設が併設されるケースは近年だいぶ増えてきましたが、津南駅構内の「リバーサイド津南」は1995年のオープンで、古参の部類です。2階建ての駅舎のうち、1階は駅事務室を兼ねた売店・温泉受付と、広い待合所。2階に浴室と休憩室があります。かつては1階に手打ちそば店「かねさま蕎麦」が入っていたのですが、残念ながら私が訪問する3日前（2017年4月2日）に閉店してしまいました。なかなか評判のよい店だったので、一度食べてみたかったのですが。

入浴料は、５００円。窓越しに飯山線の線路を望める浴室は駅ナカ温泉にしては広く、20人くらい入れそうな湯船が縁いっぱいまで湯を湛えています。泉質は、少しアルカリ性質を感じる単純泉。無色透明で、癖のないさらりとした湯です。平日だったということもあるのでしょうか、お客さんは駅の外からやって来る地元のお年寄りが多い印象でした。

湯上がりには、休憩室でゆっくり休めます。畳敷きに、一枚板のテーブル。派手さはありませんが、まるで湯台宿に投宿しているかのように落ち着ける空間。酒類の自販機という心強い相棒があるので、次の列車までだいぶ時間が空いても怖いものなし。むしろ、横になって夢とうつつの狭間をさまよいながら、「列車よ、まだ来てくれるなよ」とさえ思ったのでした。

雪景色が、目がくらむほどにまぶしい

階段に飾られた鉄道グッズも必見

宇奈月温泉駅

宇奈月温泉「湯めどころ宇奈月」

新しい駅チカ温泉で、上品な湯と音響効果に癒される

富山地方鉄道本線宇奈月温泉駅から徒歩1分　☎0765-62-1126

富山地方鉄道本線の終着・宇奈月《うなづき》温泉駅を出て東へ歩くと、黒部峡谷鉄道の宇奈月駅があります。トロッコに乗って黒部峡谷をめぐるもよし、駅近くの展望所からトロッコを眺めるもよし、駅前の黒部川電気記念館を見学するもよし。楽しみが多いところです。黒部峡谷鉄道には2014年に一度乗ったことがあり、真夏でも凍てつくように寒いトンネルや、鐘釣《かねつり》駅付近の万年雪、そして終着・欅平《けやきだいら》駅近くの名剣温泉などが印象に残っています。

いっぽう、宇奈月温泉駅を出て西へ歩くと、にぎやかすぎず寂れすぎず、雰囲気のよい温泉街が広がっています。そしてその中心部に、駅チカ温泉「湯めどころ宇奈月」があります。2003年に訪れたときには、県道の東側、旅館案内所の脇あたりに「宇奈月温泉会館」があり、その一部が共同浴場として営業していました。少し場所を移して、4階建

てのビルをまるまる使った日帰り温泉施設に生まれ変わったのは、２０１６年４月27日のこと。今回の訪問は４月26日ですので、一周年を迎える前日ということになります。

出入口は南北両側にあり、どちらの玄関先にも無料で利用できる足湯があります。出入口がふたつあるのは、駅から歩いて来ると南側に、駐車場から歩いて来ると北側に出るためでしょう。訪問時には小雨模様だったこともあり、ことさら親切な造りだと感じました。

入浴料は、５００円。１階は受付とロビー、そして観光案内所。２階と３階が浴室で、それぞれ「桃の湯」「月美の湯」と名付けられています。男女日替わりで、この日は桃の湯が男湯でした。そして４階は、温泉街を望むテラスと、マッサージチェア（無料）がある休憩スペースになっています。

駅前の温泉噴水が湯けむりを演出

南側の足湯は、飲泉所を併設

浴室は、2階と3階で少しレイアウトが異なります。2階は広々とした内湯で、3階は内湯が少し狭い代わりに露天風呂があります。主浴槽は仕切りによってふたつに区切られており、注ぎ口から近い方が熱湯、仕切りの先がぬる湯になっています。湯温は、やや熱めの設定。共同浴場によくある我慢大会のような熱さではなく、快適の範囲内です。泉質は、サラサラしていて上品な弱アルカリ性単純泉。無色透明で、癖のない湯です。

洗い場に用意されている椅子と桶は木製で、桶を床に置くと「カコォーン」と、いい音が浴室内に響きました。午前中の静かな美術館に響く靴音のような、一種のヒーリング効果を感じました。この音を聞きたくて、意味もなく何度も木桶を持ったり置いたりしました。こんなこと、たぶん初めて。音響を考慮した浴室設計になっているのでしょう。

館内に食事処はないので、宇奈月駅まで歩き、駅ナカのレストラン「レストイン黒部」で「白えびミニかき揚げそば」（600円）をいただきました。北陸地方に行くと、一度はそば・うどんを食べないと気が済みません。なぜなら、北陸地方で食べるそば・うどんには、ほかの地域ではまず見ることがない赤巻カマボコがトッピングされるからです。私はこれを見て、「北陸に来たなぁ」と実感するのです。良泉に浸かって、赤巻カマボコを食して、なかなか止まない小雨の鬱憤を完全に晴らすことができました。

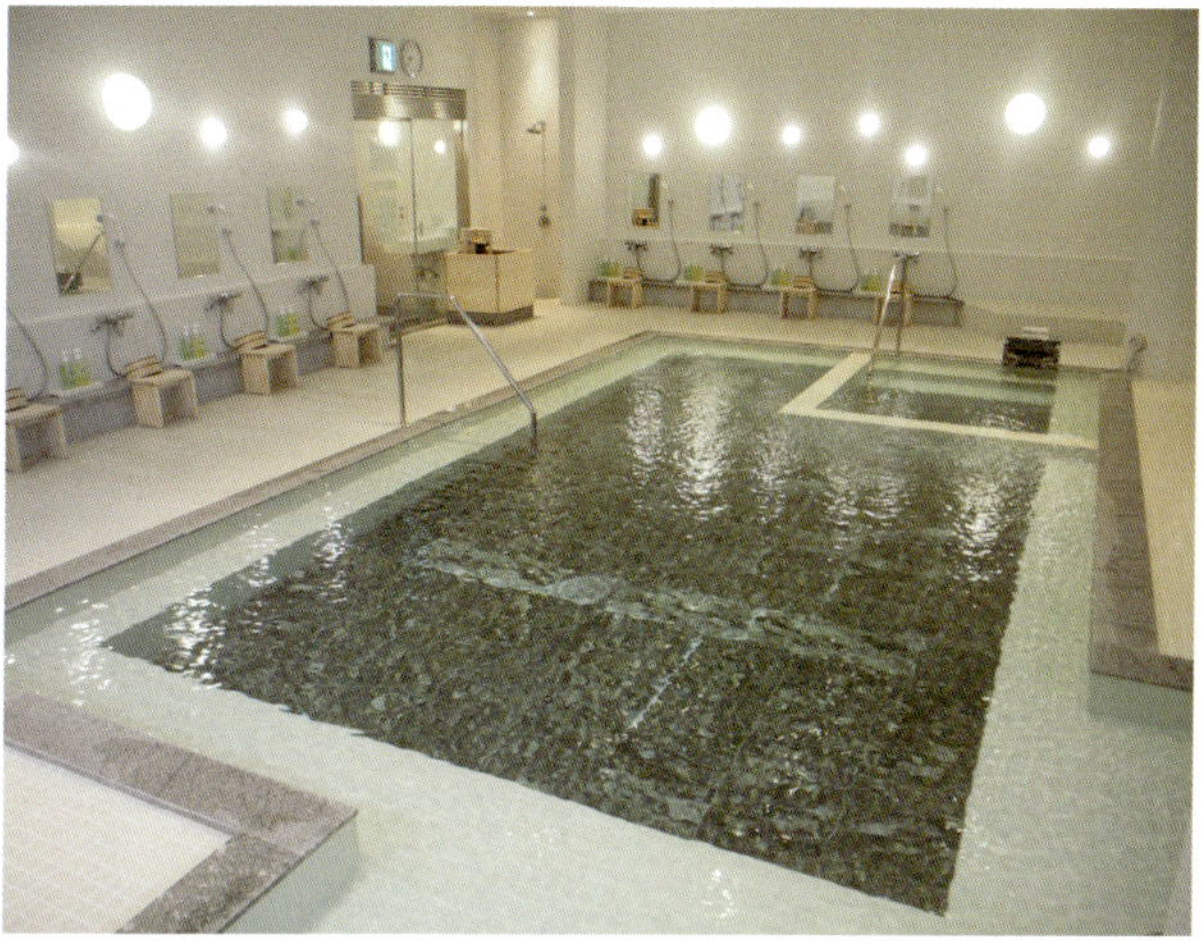

主浴槽のほかに、座湯と寝湯も備わっている

白えびは、富山湾でしか獲れない貴重な食材

コラム③　駅ナカ・駅マエ足湯事情／西日本編

西日本は、東日本ほどには駅ナカ・駅マエ足湯が多くありません。ふらりと途中下車の旅をしてもなかなか出会えないので、何か所かめぐりたいのであれば、事前にどの駅にあるかを調べてから旅に出たほうが無難です。主として有名な温泉地の駅や観光客が多く訪れる駅にあるので、足湯を目的に旅をするよりも、観光のついでに足湯に立ち寄るような予定を組むのがベストでしょうか。

富山地方鉄道本線・宇奈月温泉駅には、ホームに無料で自由に利用できる足湯があります。面白いことに、足湯の真ん中に柵があり、半分は改札内、もう半分は改札外（駅舎外）から利用できるようになっています。改札内外にまたがった造りの足湯は、ほかの駅では見たことがありません。車で訪れても利用できるのが、ありがたいところ。誤って柵を乗り越えないよう注意しましょう。

タオルを買ったと思えば、安いもの

外国人観光客の利用が多い京福電鉄嵐山本線・嵐山駅のホームにも、足湯があります。ただし、こちらは有料施設（200円）。駅のインフォメーションカウンターで足湯券を買って利用します。外から来て、足湯だけ利用してまた外に出る（電車に乗らない）場合であっても、入場券を別途購入する必要はありません。料金はタオル代込みで、使ったタオルは記念に持ち帰ることができます。

第5章

近畿

嵐山駅

嵐山温泉「風風の湯」
時間がゆっくり流れる、嵐山の風情に包まれて

阪急嵐山線嵐山駅から徒歩1分　☎075-863-1126

京都を訪れる外国人観光客数は増加の一途をたどり、近年は毎年過去最高記録を更新しています。運賃の安い路線バスを利用する外国人観光客が増えすぎて地元の住民が利用しづらくなるなど課題もたくさん抱えていますが、多くの外国人が日本を代表する観光名所に魅力を感じてくれているということは、日本人として素直に誇らしく思います。

京都市の北西部に位置する嵐山エリアも、ずいぶんと外国人観光客が増えたなと実感します。本書執筆のために嵐山エリアを2度訪れたなかで、4回も、外国人に道を聞かれました。外国人観光客にとっても、右を見ても左を見ても外国人ばかりで、道を聞けそうな日本人を探すのが大変なのではないかと思います。

観光客が飽和しているのは、主に渡月橋の北側、京福電気鉄道やJR、嵯峨野観光鉄道

敷地を広くとった、贅沢な造り

一面がガラス張りで、内湯にも開放感がある

が走っているエリアです。渡月橋の南側、阪急嵐山線方面には住宅地が広がっており、また桂川の河川敷には緑が多い嵐山公園が整備されていることもあり、少しだけ時間がゆっくり流れているような、落ち着いた雰囲気が残っています。観光客の多さに疲れたら、渡月橋を渡って嵐山公園方面へ足を延ばすのがオススメです。

嵐山公園の脇には、2013年秋、日帰り温泉「風風《ふふ》の湯」がオープンしました。しっとりした嵐山公園の風情に溶け込むような、平屋建ての落ち着いた佇まい。高名な観光地だけあって入浴料は1000円と高めなのですが、喧騒を忘れてのんびり過ごせます。駐車場がない（近隣に提携有料駐車場あり）ということも、ゆったりした雰囲気の演出を強めています。駐輪場はあるので、レンタサイクルで立ち寄ることもできます。脱衣所のロッカーが大きいのも、旅人にとってはたいへんうれしいところです。

泉質は、肌になじみやすい弱アルカリ性単純泉。癖がないわりに、上がった後に肌がスベスベになる良泉です。天然温泉は、内湯の主浴槽に注がれています。注ぎ口が湯面下にあり、勢いよく噴出しているため、湯船の外から見たときの静謐な印象とは裏腹に、体を沈めると「流れるプール」のような水圧を感じます。面白い趣向の湯船です。そして、広々とした露天風呂（こちらは白湯）は開放感に富み、木立が垣間見え、まるで山あいの温泉に浸かっているかのような気分。人波に揉まれての観光疲れを、やんわりと癒してくれます。渡月橋の北側エリアでは、この雰囲気はなかなか出せないでしょう。

風呂上がりには、マッサージチェアがある広間でのんびり休憩できます。食事処はありませんが、近くのカフェレストランからの出前が可能。また、駄菓子やソフトクリームなどは、館内で販売しています。混雑時にはこの「のんびり感」が味わいにくくなるので、ぜひ空いているときに訪れたい施設です。狙い目は、平日のオープン直後でしょうか（12時オープン）。午後になると、外国人ツアーの団体客もやって来ます。団体客を敬遠したい場合には、店頭に掲示されている団体客受け入れ時間をチェックしてから入館するとよいでしょう。

童心に帰ってしまう、駄菓子の数々

渡月橋まで、徒歩３分

有栖川駅

さがの温泉「天山の湯」

街に溶け込む日帰り温泉で、京の雅に浸る

京福電気鉄道嵐山本線有栖川駅から徒歩3分　☎075-882-4126

渡月橋の北側エリアにも、魅力的な駅チカ温泉があります。嵐山駅から京福電車で4駅、有栖川駅近くの三条通沿いにある「天山の湯」です。専用軌道と路面軌道で街を縫うように走る京福電車のイメージによく合う、街並みにスッと溶け込んだ施設です。あまりにも自然に溶け込んでいるためか、私は気づかずに一度通り過ぎてしまいました。景観を損ねるような装飾がなく、駐車場も裏手に隠れています。入浴料は、1050円。

比較的小ぢんまりした印象を受ける外観とは裏腹に、浴室はとても広々。浴槽の種類が多く、いろいろ試したくなります。露天には、源泉が注がれた浴槽と、源泉から鉄分を除去した湯が注がれた浴槽があり、2種類の湯を楽しむことができます。源泉は鉄分も塩分も強く、少し癖がある湯です。湯あたりを心配する人もいそうな湯だからこそ、鉄分を抜

いた癖のない浴槽を別途用意しているのでしょう。泉質は、ナトリウム・カルシウム-塩化物泉。京都周辺ではたいへん珍しい泉質なのだそうです。渡月橋の南側にある「風風の湯」との違いが分かりやすいので、入り比べてみるのもいいでしょう。保温効果が高く、湯に浸かってのぼせてから露天のごろ寝処で横になると、夢とうつつの間をさまようような至福のひとときを過ごせます。美濃焼の浴槽を使った露天の壺湯もお気に入り。

入浴後には、食事もできます。私は、「湯葉あんかけ玉子とじうどん」（700円）をいただきました。カツオなどの出汁が利いたあんには生姜の香りも感じられ、とても上品。館内の随所に配置された緋毛氈のベンチや赤い野点傘を含め、京の雅を存分に楽しませていただきました。

露天のごろ寝処にも、野点傘が立つ

広隆寺前を走る京福電車

綾部駅

昭和の面影を残す日帰り温泉は、効能豊かな療養泉

栄温泉「うし乃湯」

JR山陰本線ほか綾部駅から徒歩1分　☎0773-40-1126

綾部駅のホームに降り立つと、すぐ目の前にクリーム色のビルディングがそびえています。側壁には、「綾部駅前 栄温泉」の文字。事前の調査では情報を得ていなかった施設を取材旅行中に偶然見つけて、急遽予定を変更して立ち寄ることに。少し古風な印象を受ける3階建ての施設は、幼い頃に父によく連れて行ってもらった埼玉のスーパー銭湯「和光ラドン健康センター」（現存しない）の雰囲気に少し似ています。当時はあまり風呂が好きではなかったので、入浴はそこそこに切り上げて、ゲームコーナーのメダルゲームで遊んでばかりいました。どことなく懐かしさを感じて、衝動的に列車を降りたのでした。

1階にフロントがあり、2階はレストランと休憩所。浴室は3階にあります。無色透明で、少し甘い匂いのする湯は、含鉄（Ⅱ）-ナトリウム-硫酸塩泉。神経痛や筋肉痛などに

効能が期待できる療養泉なのだそうです。癖はなく、とてもまろやかでこなれた湯で、確かに体によさそうな気がしてきます。

風呂上がりには、2階のレストラン「榮吉」に寄ってみます。黒毛和牛を使った各種料理がメインとなる店ですが、風呂上がりの脱力した体にステーキやハンバーグはちょっと重たい気分。手軽な麺類メニューから、京都らしさを感じる「にしんそば」（700円）をチョイスしました。さっぱりした透明感のあるつゆに、ほどよく風味を残したニシンのコンビネーション。ニシンは圧力をかけて炊いているのでしょうか、箸で簡単にほぐせるほどやわらかいのに、口に入れるとしっかりとした歯ごたえを感じます。とても上品で洗練された一杯でした。

露天風呂は、少し熱めの設定

ニシンの上に麺をのせないスタイル

天橋立駅

天橋立温泉「智恵の湯」

木の香漂う幻想的な洞窟風呂で、観光の疲れを癒やす

京都丹後鉄道宮豊線天橋立駅前　☎0772-22-1515

日本三景のひとつに数えられている、天橋立。宮津湾と阿蘇海を隔てる砂洲には風光明媚な松林が延々と続きます。海沿いの松林は全国各地にありますが、松林の東西両側に海が広がる光景は、天橋立でしか楽しめないものです。砂洲は、歩いて縦断することもできます。レンタサイクルで駆け抜けるのもいいでしょう。さらには、天橋立ビューランドや傘松公園から遠望する楽しみもあります。定点から眺めるだけのスポットではなく、自らの足で移動しながら、変わりゆく景観を楽しめるスポットなのです。

一方では、観光地としてだけでなく、地域住民の生活道路という一面も併せ持っています。レンタサイクルの観光客に混ざって、学生服姿の高校生や買い物帰りの主婦なども自転車で駆け抜けます。この光景は、ほかの観光地ではなかなか見られません。

アクセスには、リゾート仕様の「丹後あおまつ号」がオススメ

ジョロジョロと注がれる湯音にも、癒し効果を感じる

最寄りとなる天橋立駅の脇には、駅マエ温泉「智恵の湯」があります。玄関上に迫り出した唐破風屋根が印象的で、天橋立の風情にマッチした旧家風の造り。長い距離を歩く天橋立観光の後で立ち寄ると疲れが全部吹っ飛ぶと、観光客の間でも人気を集めています。

入浴料は、700円。小ぢんまりとした施設ながら、露天風呂も楽しめます。しかし、この施設でもっともワクワクさせてくれるのは、露天風呂よりも洞窟のような造りになった内湯です。中央に天橋立を象徴する智恵の輪をイメージした注ぎ口があり、少し高いところから湯が注がれています。よく見ると、輪の部分は大きな丸太をくりぬいて作られているのが分かります。浴室内には少し湯気が籠もり、うっすらと霞がかかったような、幻想的な雰囲気になっています。湯は無色透明で、舐めてみると塩味を感じる、海辺ならではの泉質。板張りの壁や太い柱から漂う木の香に包まれれば、癒し効果絶大です。湯上がりに休憩室でひと休みすれば、観光の疲れは完全に解消されます。

館内には食事処がないので、土産物店街に繰り出します。土産物店街にはA級・B級を問わず飲食店がたくさん軒を連ねています。そのなかで、私はそば打ちの実演を行っていた「龍宮そば」で「ざるそば」(870円)をいただきました。普段「駅そば」ばかり食べている私にとっては、たいへんな高級品です。

竹を編んで作ったざるにのせられたそばは、濃いグレー色で、まばらに星が見られる田舎風でした。上品ではないのですが、そばの香りがとても豊かで、ギュッと締まった硬質な歯ごたえを楽しめました。微妙に太さが揃っていないので、食感や舌触りにコントラストが生まれ、食欲をかきたてられます。機械で意図的に作った乱切り風のそばには決して出せない、手打ちならではの食感でした。

風格を感じる「龍宮そば」のざるそば

智恩寺は、扇子型のおみくじが特徴的

砂洲は、125cc以下のバイクも通行可能

那智駅

勝浦温泉「丹敷の湯」

鉄道駅・道の駅・日帰り温泉の三つ巴

JR紀勢本線那智駅前　☎0735-52-9201

全国区で知られる温泉地が数多くある和歌山県。なかでも、県の東端に位置する勝浦温泉は、漁港から近いこともあり、海産物と温泉を両方楽しめるリゾート地として高い人気を誇ります。しかし、最寄りとなる紀伊勝浦駅には、駅ナカ・駅マエ・駅チカの日帰り温泉施設がありません。充実しているのは、無料で利用できる足湯。駅前の「滝の湯」に海が見える「海の湯」、さらには魚市場に近い「鮪の湯」と揃っています。

駅マエ温泉「丹敷《にしき》の湯」があるのは、JR紀勢本線で2駅北上した那智駅です。紀伊勝浦で足湯や新鮮な海の幸を楽しんでから、紀勢本線に揺られて那智駅で全身入浴を楽しむ。こんなパターンの旅程を考えてみてはいかがでしょうか。

入浴料600円の「丹敷の湯」には、白砂のロングビーチや那智湾が一望できる展望浴室があります。もちろん、那智駅のホームや線路を見下ろすこともできます。ガラス張りでとても明るく、日光が燦々と降り注ぐ南洋リゾートの雰囲気をめいっぱい楽しめるのです。泉質は、さらりとしていて癖のない単純泉。上がり湯をかける必要がなさそうなくらいに、すっきりした印象の湯でした。

この施設は、道の駅「なち」の一部になっています。つまり、ここは鉄道駅・道の駅・日帰り温泉の三者が揃った、全国でも珍しい施設なのです。土産物販売店や農産物直売所なども完備しているほか、世界遺産の熊野那智を紹介する情報コーナー（入場無料）も併設しています。本数の少ない紀勢本線でも、待ち時間が手持ち無沙汰になることはなさそうです。

一部が寝湯になっている主浴槽

熊野那智大社の社殿をイメージした外観

城崎温泉駅

城崎温泉「さとの湯」

歴史ある温泉地で、外湯をめぐり、グルメもめぐる

JR山陰本線城崎温泉駅前　☎0796-32-0111

かつて駅そば店があった場所が土産物店に変わった、JR城崎温泉駅。全国の駅そば店をめぐっている私としては若干寂しく思う部分がありますが、観光客の間では好評なようで、以前よりも駅舎内に活気がみなぎっているように感じます。ほかの温泉地に比べて、若者が多い印象。とくに、10代から20代くらいの若い女性が多く街に繰り出していました。時間帯によるかもしれませんが、浴衣姿で街を歩く人は少なく、洋服姿で温泉街散策を楽しんでいます。城崎温泉へは、京都駅から特急「きのさき」、新大阪駅からは特急「こうのとり」がそれぞれ直通しており、若い人は温泉地に宿泊するのではなく、日帰りで観光を楽しんでいるようです。温泉街は城崎温泉駅を起点に広がっており、鉄道アクセスの便利さが、日帰り客の人気を集めているように感じました。

駅前からメインストリートを北に歩いていくと、飲食店や手持ちグルメ、カニや土産物などを扱う店がずらっと並んでいます。「地蔵湯」の前で左に折れると、大谿《おおたに》川と桜並木に沿って旅館が建ち並ぶ、しっとりとした情緒のあるエリアになります。旅館街をさらに進むと、温泉寺と城崎温泉ロープウェイの乗り場があります。温泉寺付近には無料の足湯や温泉たまご場、薬師源泉などがあります。駅前から温泉寺まで、歩いて15分ほど。この間、ほとんど観光客が途絶えることはありません。ロープウェイに乗って山上から温泉街を見下ろすもよし、温泉寺を心静かに参拝するもよし、自作の温泉玉子に舌鼓を打つもよし。日帰りで訪れても楽しめる要素がとても多い温泉街なのです。

卵は、脇の売店で販売している

ロープウェイは、山頂まで往復900円

温泉街には、全部で7つの

外湯があります。入浴料は600〜800円で、ほかの温泉地の外湯に比べるとやや高い傾向。しかし、7施設に1日入り放題の外湯券「ゆめぱ」を1200円で販売しており、お得にはしご湯を楽しめます。これも日帰り客の心を射止めているようで、各外湯とも多くの観光客が利用しています。

7つの外湯のうち、もっとも駅から近いのは、「さとの湯」。駅を出て右を向けば、正面に鎮座しています。駅のすぐそばなので、「駅舎温泉」と呼ばれることもあります。好立地で、施設規模が大きく、軒先には無料の足湯も完備しています。広々としていて開放感のある足湯は、満席になることもしばしば。

広間の休憩室や露天風呂も完備している「さとの湯」は、リゾート感覚で利用できることから、とくに若い人に人気があります。泉質は、サラサラとしたナトリウム・カルシウム-塩化物泉。数多くある城崎温泉の源泉のうち、4つをタンクで混合し、湯船に注ぎ入れています。

そのハイライトは、やはり露天風呂。人工の滝からザブザブと温泉が注がれ、柵越しには円山川とその向こうの山並みを一望できます。建物がギュッと寄り添うようにひしめいている温泉街とは、まるっきり異なる風情です。新感覚の外湯で、手足を伸ばして空を見

国の特別天然記念物・コウノトリに見守られる「さとの湯」

駅前とは思えない、開放的な露天風呂

上げて、のびのびと入浴を楽しめるのです。ただ、ひとつだけ注意を。前ページの写真では浴槽がふたつ並んでいるように見えますが、右側は冷たい池で、浴用ではありません。滝が注がれている左側だけが湯船です。間違って池に飛び込まないよう、ご注意あれ。

もちろん、ほかの外湯めぐりも楽しみのうち。時間が許す限りはしご湯を楽しむのもいいでしょう。「さとの湯」の次に駅から近いのは、徒歩5分の「地蔵湯」。駐車場がないためか、比較的空いていることもあり、2階に畳敷きの休憩室を備えていることもあってのんびり過ごせます。ロープウェイ乗り場の近くにある「鴻《こう》の湯」は、駅からちょっと遠いのですが、7つの外湯のなかでもっとも古い歴史があり、開湯は舒明天皇の時代（約1400年前）と伝えられています。そのほかは、2005年オープンの一番新しい「御《ご》所《しょ》の湯」、和洋折衷の建物が印象的な「一の湯」、旅館街に溶け込むように建つ「柳湯」、そして少し奥まったところにあってかくれ湯の雰囲気漂う「まんだら湯」。どの外湯にも個性があり、建物を眺めるだけでも温泉街の気分に浸ることができます。

グルメも充実しています。山陰海岸グルメの最高峰は、松葉ガニ。温泉街では、寿司や鍋などの定番カニ料理のみならず、カニラーメンやカニそばといったアレンジ料理にも数多く出会えます。また、テイクアウト形式の手持ちグルメにも、カニを使ったものがたくさんあります。カニの脚を魚のすり身で包んで蒸しあげた「カニ棒」（550円）は、蒸すことでカニの風味が魚のすり身に染みわたり、とても香り豊かな一品でした。店頭の蒸し器で蒸しているので、アツアツでみずみずしいです。「城崎蟹まん」（320円）は、中華まんの具材にほぐしたカニの身をたっぷり混ぜたもの。こちらもカニの香りが口の中いっぱいに広がって、大満足。カニは、熱を通したほうが香りも旨味も増します。しかし、加熱すると香りや旨味が外へ逃げてしまうことが多いものです。魚のすり身や中華まんの生地で覆って蒸すことで、旨味が逃げないように工夫しているのだなと感じました。

巨大な石灯篭も印象的な、地蔵湯

一番気に入ったグルメは、「カニ棒」

駅前のレストランでは、「城崎流かに塩ラーメン」（980円）もいただきました。温泉三昧で、カニ三昧。たった半日で、2泊3日の旅行を終えたかのような充足感を得られたのでした。

有馬温泉駅

有馬温泉「金の湯」

茶色の金泉と透明の銀泉。入り比べに、飲み比べ

神戸電鉄有馬線有馬温泉駅から徒歩4分　☎078-904-0680

神戸市の中心部から六甲山地を挟んだ北側に位置する、有馬温泉。湯量豊富な名湯で、京阪神地域からアクセスしやすい立地であるため、連日多くの観光客でにぎわいます。温泉街の路地がとても狭いので、なおのこと観光客の密度が高く感じられます。朝夕には浴衣姿で歩く人々も散見され、温泉街らしい情緒を深めています。

温泉街の中心部にあるのが、駅チカ温泉の「金の湯」。坂道途中の三叉路の角にあり、威風堂々たる存在感を発揮しています。この場所には、かつて「有馬温泉会館」という日帰り温泉施設がありました。鉄分を強く感じる茶色く濁った湯は良泉そのものでしたが、建物はコンクリートのビルディングで、風情はあまりありませんでした。この有馬温泉会館が老朽化に伴い閉鎖・解体され、跡地に新築されたのが金の湯です。金の湯は温泉街の

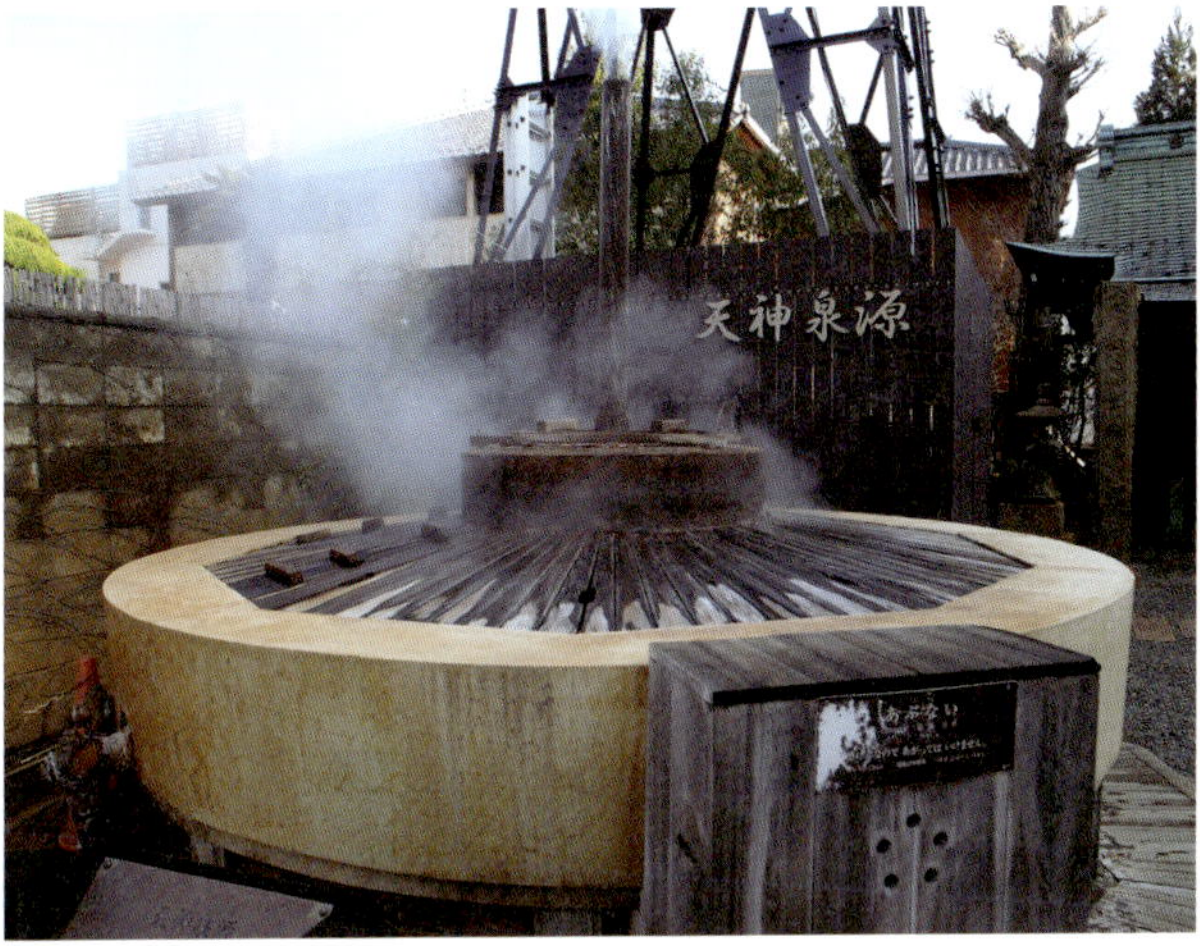

源泉地めぐりも楽しい温泉街（天神泉源）

酸化した鉄分が、湯を茶色に染める

風情にマッチした和風の造りで、より親しみやすい温泉街のシンボルになりました。軒先には無料で利用できる足湯を併設し、蟻の入る隙間もないほどに多くの人々が利用していました。足湯の隣には飲泉所もあるのですが、こちらは配管の不具合のため休止中でした。

湯は、有馬温泉会館時代と同じく、茶色く濁ったものでした。あつ湯とぬる湯に分かれた浴槽に、源泉がたっぷり注ぎこまれています。泉質は、含鉄-ナトリウム-塩化物強塩泉。鉄分や塩分を多く含んでいるので、保温効果がとても高い湯です。身を沈めるとすぐにのぼせるので、長湯向きではありません。無理に長湯をすると湯あたりしそうな、濃厚な湯です。そのため、多くの客がやって来ても回転が速く、浴室内がすし詰め状態になることはありませんでした。客数に対して浴室はそれほど広くないのに、落ち着いて湯あみを楽しめます。ゆったりできないのは、上がった後。ロビーで待ち合わせるファミリーやカップルが多いためでしょうか、浴室よりも休憩ロビーのほうがごった返している印象でした。ベンチの類は、ほぼ常時満席です。

金の湯からさらに坂道を上っていくと、もうひとつの日帰り温泉施設「銀の湯」があります。こちらは、透明の炭酸泉。金の湯とは泉質がまったく違うので、入り比べてみるのも楽しいでしょう。入浴料は、金の湯650円、銀の湯550円、2館券が850円です。

銀の湯の近くには、炭酸泉の飲泉所もあります（無料）。金の湯の飲泉所が復旧すれば、飲み比べも楽しめます。

温泉街散策を終えて有馬温泉駅に戻ると、階上のレストラン「有馬茶房」がオープン時間を迎えていました。ランチには少し早い時間でしたが、神戸名物の「ぼっかけ」を使ったメニューを揃えていたので、寄ってみることにしました。注文したのは、「ぼっかけうどん」（８００円）。ぼっかけは、牛すじ肉とコンニャクを醤油ベースの甘辛いタレに絡めて炒めた、神戸発祥の料理。多くの料理にアレンジが利く、万能選手です。うどんにのせると、上品なカツオ出汁の中に牛肉の旨味がじんわりと染み出し、心地よいハーモニーを奏でます。炒めることで少し歯ごたえを増したコンニャクも主張が強く、たいへんおいしくいただけました。

観光客の密度は、全国でも指折り

青ネギの香りも名脇役となる一杯

唐櫃台駅

鹿之子温泉「からとの湯」

主浴槽と壺湯の往復で、至福の時間を少しでも長く

神戸電鉄有馬線唐櫃台駅から徒歩2分　☎078-982-2639

有名な有馬温泉から電車でふた駅、山あいに小ぢんまりと開けた唐櫃台《からとだい》駅の近くにも、日帰り温泉「からとの湯」があります。駅のホームから見える、有野川の対岸にある施設です。有野川と県道の間の細長い敷地に建ち、観光客がひしめく有馬温泉から直線距離で3kmほどしか離れていないのに、周辺はとても静かで長閑な雰囲気です。

有馬温泉は道が狭く入り組んでいて、坂道が多く、時として階段になっている路地もあるので、車では行きにくいものです。その点、県道沿いで広い駐車場を備えているからとの湯は、車でのアクセスがとても便利。鉄道駅からも近いのですが、車で訪れる人のほうが多い施設です。入浴料は700円。

館内は、よくもまぁ細長い敷地にこれだけゆったりした施設を建てられたものだと感心

カエルの親子に見守られながらの湯あみ

格安の健湯焼きは、独特なもっちり食感

テラスからは、列車を眺められる

するくらいに、ロビーも浴室も広々。足を伸ばしてくつろげる広間や、軽食をいただけるテーブル席も用意しています。

泉質は、弱アルカリ性ラドン泉。湯にはかすかに濁りがあり、舐めてみると少し苦みを感じます。たいへん保温効果の高い湯で、肩まで浸かると5分もしないうちにのぼせます。4種のジェットバスをはじめ、バリエーションに富んだ浴槽がある施設ですから、5分で上がったのではもったいないです。そこで威力を発揮するのが、露天の壺湯です。壺湯はぬるめの温度に設定されているので、のぼせたら壺湯に入り、体の火照りがおさまったところでまた露天の主浴槽に浸かる。これを繰り返すことで、長湯を楽しめます。スタッフさんは、「たまに、一日中壺湯に入っている人も見かけますよ」と話していました。確かに、ぬるい壺湯はこの上なく気持ちいいものです。混雑時には譲り合いが必要ですが、空いているときであれば時間が許す限り壺湯に浸かっていたくなるのも分かります。私も、この後に予定がなければ夕方までずっと入っていたかもしれません。

食後には、軽食コーナーで「健湯焼《けんと》き」をいただきました。これは生地に山芋を練り込んだ「とん平焼き」のようなもので、中に卵とイカが入っています。驚くべきは、その値段。健湯焼きは、なんと250円です。そのほかにも、焼きそば150円、明石焼き380円など、安価な軽食が揃っています。エビカツ定食680円など、しっかりした食事メニューもあります。日帰り温泉施設内の食事処には、総じて割高なイメージがあります。そのため、私はほかのレストランなどで食事を済ませてから入館することがよくあります。しかし、この施設に関してはそのような心配は必要ありません。むしろ、最初から食事を兼ねる予定で利用したほうが経済的かもしれません。

第6章

中国・四国

呉駅

霧笛を聞きながら楽しむ、夜の湯あみ

大和温泉物語の湯「大和温泉物語」

ＪＲ呉線呉駅から徒歩３分　☎０８２３－２４－１１２６

中国地方の各地を歴訪し、呉駅に降り立ったのは午後9時半過ぎ。疲れた体をいち早く、そしてしっかり休めるには、翌朝まで滞在できる終夜営業の駅マエ・駅チカ温泉が最高です。呉駅には、そんな私の願望を完璧にかなえてくれる駅チカ温泉があります。

呉駅は、人口22万人を抱える呉市の中心駅。駅前には発達した市街地が開けていて、およそ駅チカ温泉がありそうな雰囲気ではありません。しかし、近年ではこのような大きな街の中心部に、ビルのワンフロア（あるいはツーフロア）を使用する形で温泉入浴施設がオープンするケースが増えています。

駅チカ温泉「大和温泉物語」があるのは、呉駅のすぐ裏。ホームから、道路を1本挟んで正面に見えるビル「レクレ」の5階と6階です。ただ、反対側にしか駅出口がないので、

都市の喧騒を忘れさせる、開放的な露天風呂

ペデストリアンデッキで線路を渡ってのアクセスになります。それでも、徒歩3分という便利な立地。西側のペデストリアンデッキは屋根付きなので、雨天日でも濡れることなくアクセスできます。

レストルームでの仮眠宿泊利用だと、貸しタオルと館内着が付いて2160円（10時間以内）。宿代わりだと考えれば、とても安くあがります。入浴のみだと1130円なので、サッと入浴してすぐに退出したのでは、もったいなく感じるかもしれません。温泉街の外湯感覚ではなく、少し時間を長く使って、入浴後にレストルームでしっかり休む利用法がオススメです。

都市型駅チカ温泉の特徴のひとつに、浴槽

の種類の多さがあります。大きな湯船をひとつドンと設置するのではなく、さまざまな趣向を凝らした小さな湯船を、たくさん配置するのです。大和温泉物語の浴室も、まるで玉手箱のようでした。圧巻だったのが、露天風呂。茶色く濁った源泉をそのまま楽しむ源泉浴槽をはじめ、寝湯、生薬湯、打たせ湯、ジャグジー、座湯、歩行浴と揃っています。あっちも入ろう、こっちにも入ってみようと、好奇心をむくむくとかきたてられました。

そして、港湾都市ならではの特徴がもうひとつ。漆黒の闇に包まれる夜、露天風呂にのんびり浸かっていたら、海側からボォ～ッと重厚な霧笛が聞こえてきたのです。手足を伸ばして、広く開けた夜空を見上げれば、まるで豪華客船で船旅をしているかのような気分に。この雰囲気は、ほかの街ではなかなか味わえないでしょう。

もちろん、館内で食事もできます。半個室の客席が格調高く感じさせる「美味旬菜 おぼろ月」では、呉市や広島県の名物を使った料理を味わえます。私は、呉名物の肉じゃが・がんす・音戸ちりめんを全部楽しめる「呉名物定食」をいただきました。

肉じゃがは、東京で食べる平均的なものよりもあっさりした味付けで、ジャガイモを大きくカットしてありました。煮崩れしていないのに箸で簡単に崩せる、絶妙な煮加減。「がんす」は、魚のすり身のカツ。さつま揚げと魚肉ソーセージの間くらいの食感・味わい。

マヨネーズをつければ、ご飯が止まらなくなります。がんすは、広島駅の駅そば店でも扱う庶民食ですが、この店のがんすは衣のパン粉のきめが細かく、とても上品な「和食」に仕上がっていました。そして音戸ちりめんは、飴色に炊いたちりめんじゃこ。山椒の香りがピリッと利いていて、ご飯によく合います。日本酒にも合いそうな味覚です。出汁が利いた玉子豆腐や甘口の白みそを使った味噌汁も私好みの味で、大満足でした。

品目数の多さに驚く呉名物定食（1200円）

ホームからの直線距離は、30mほど

レストルームでぐっすり眠って、翌朝。露天風呂での記憶を頼りに、霧笛が聞こえてきた方角に歩いてみると、すぐに呉中央桟橋前に着きました。ここから、広島や松山への船便が出ています。鉄道駅だけでなくフェリーターミナルからも近い、たいへん珍しい温泉施設なのでした。

於福駅

冷たい源泉風呂は、夏場の長湯のおともに

於福温泉「おふく温泉」

JR美祢線於福駅から徒歩3分 ☎0837-56-5005

山陽新幹線の厚狭《あさ》駅から美祢《みね》線に乗り換えて、列車に揺られること40分、於福駅に降り立ちました。無人駅で閑散とした雰囲気を想定していたのですが、駅舎が地域交流ステーションとして活用されており、結構にぎわっていてびっくり。駅のすぐ裏手を国道316号線が通り、車がひっきりなしに走っていて、二重にびっくり。人々が活発に営む中に、駅チカ温泉「おふく温泉」があります。道の駅「おふく」と一体化した施設なので、車でやって来る人がほとんど。列車を利用して入浴しに来る人は少ないようです。

浴槽は、内湯の主浴槽、ジャグジー、源泉浴槽、そして露天風呂。このうち、主浴槽と源泉浴槽に天然温泉が注がれています。源泉温度が約25度と低いため、主浴槽は加温してあります。その一方で、源泉浴槽は加温せずに源泉をそのまま注ぎ入れているので、「ぬ

るい」を通り越して冷たいです。浴槽としてはあまり機能しないのですが、主浴槽に浸かってのぼせた体を冷ますのに好適。サウナに入った後の水風呂のような感覚で利用できます。冷たい源泉をそのまま注いだ浴槽を設置する施設は珍しいので、これはこれでひとつの特徴になっています。入浴料も500円と安めで、シャンプーなども完備しています。悔やまれるのは、訪問したのがまだ肌寒い3月だったということ。これが夏場だったら、プールに近い感覚で、源泉浴槽をより気持ちよく利用できたと思います。

道の駅併設の施設なので、レストランや土産物店もあります。名物は、バリエーション豊かなシャーベット。無料の足湯もあるので、少しでも空き時間があるのなら、立ち寄って損はありません。

1両編成の列車がゆっくり走る、長閑な美祢線

加温のみで、加水せずにかけ流している（写真提供：道の駅「おふく」）

道後温泉駅

道後温泉「道後温泉本館」

神々の霊が宿る、由緒正しき外湯

伊予鉄道市内線道後温泉駅から徒歩2分　☎089－921－5141

路面電車の駅とは思えないほど立派な駅舎を備えた、道後温泉駅。ここからアーケードに覆われた道後ハイカラ通りを抜けると、四方を路地に囲まれた「道後温泉本館」があります。言わずと知れた、日本を代表する共同浴場です。地元住民や観光客だけでなく、道後温泉本館で入浴するために市街地ではなく道後に宿をとる出張サラリーマンも多く、朝早くから夜遅くまで、客足が絶えることはありません。

6つの建物から構成される道後温泉本館のうち、神の湯本館（1894年築）、又新《ゆうしん》殿《でん》・霊《たま》の湯棟（1899年築）、南棟（1924年築）、玄関棟（1924年に別の場所から移築）は国の重要文化財に指定されています。全国で唯一の皇室専用浴室である又新殿は、大正天皇や昭和天皇など、合わせて10回使用しているそうです。皇室専用のトイレは、まだ一度も使用したことがないのだとか。

入浴施設としてだけでなく、観光名所としても名高いスポットですから、外国人観光客も多く訪れます。そのため、道後温泉界隈にはバックパッカー系外国人旅行者向けのドミトリーがたくさんあります。今回は、道後温泉本館から徒歩1分の好立地にあるドミトリー「ホテルエコ道後」に投宿し、温泉街の昼と夜、両方の表情を楽しんできました。

駅前足湯の隣には、巨大なからくり時計がある

道後ハイカラ通りのアイドル・ゴンちゃん

私が宿泊したのは、2段ベッドが3つ並ぶ6人部屋。宿泊料は、2500円。シュラフ持ち込みだと、2200円で泊まれます。シーツや布団カバーを自分で装着しなければならないなどの不便さはありますが、私は至れり尽くせりの温泉ホテルよりもこういうところのほうが落ち着き

ます。どちらかというとバックパッカー寄りの人間なのでしょう。

道後温泉を訪れるのは、今回が10回目くらいでしょうか。そのうち、本館で入浴したのは過去に3回。いずれも階下の「神の湯」での入浴でした。今回は少し奮発して、皇室の随伴者用に造られたといわれる浴室「霊の湯」に入ります。

霊の湯の入浴料は、広間休憩室（又新殿の観覧を含む）とのセットで、１２５０円。神の湯は４１０円（休憩室とのセットは８４０円）で入浴できます。野球場のチケットボックスのような窓口で入浴券を買ったものの、次にどこへ進めばよいのか分からず、右往左往。間違ったほうへ進んで係の女性に止められた経験がある人も少なくないはず。

入口は、神の湯も霊の湯も共通。ガラス張りの「改札口」でチケットを提示して、霊の湯がある2階へ。まっすぐ浴室へ行こうとすると、さっそく止められました。まずは休憩室に荷物を置いて、タオルと浴衣を受け取ってから浴室へ行くのがルールなのです。

浴室は、とてもシンプル。神の湯よりも少し小ぶりな湯船がひとつあるだけです。湯も同じ。だからといって、湯船が大きい神の湯のほうがいいかというと、そうとも言い切れません。神の湯は入れ代わり立ち代わりで多くの人が利用するので、常に激しく混雑していいます。霊の湯は、神の湯に比べるといくぶん空いているので、落ち着いて湯を堪能でき

宵の口が、もっとも神々しく感じる時間帯

霊の湯（男湯）には、湯釜がふたつある

るのです。また、霊の湯には石鹸・シャンプー等の備品があります。

湯船には、大きな円筒形の湯釜が鎮座。この湯釜が、道後温泉ならではの特徴です。霊の湯（男湯・女湯）だけでなく、神の湯（男湯）、「椿の湯」（男湯・女湯）、そして駅前の足湯にも同じ形の湯釜が設置されています。神の湯の女湯だけ湯釜の形が異なります。泉質は、アルカリ性単純泉。pH値が9・1と比較的高いのですが、湯温が高いこともあり、肌に吸着するような感触ではありません。癖のない、さらりとした湯に感じます。

風呂上がりには、風通しのよい休憩室でお茶と煎餅が出されます。浴衣を着て、畳の上で胡坐をかいて過ごすひとときも格別です。休憩室には、ふたりが向かい合う形の席が並んでいます。ふたりで訪れる場合には向かい合えばいいのですが、ひとりで訪れると向かいに他人が座ることもあります。この日、私がお茶を飲みながらひと休みしていると、湯上がりで頬をほの赤く染めた浴衣美人が私の正面に座りました。これは予期せぬ展開。聞くと、神奈川県在住で、初めて道後温泉を訪れたのだそうです。これは千載一遇とばかりに、過去10回ほどの道後温泉訪問と本書執筆のための全国取材で得た知識をもとに調子よく話していると、湯上がりの旦那さんがやって来て隣に着座。うぅむ、寅さんか。

道後温泉の外湯は、本館だけではありません。本館から徒歩1分ほどのところに、「椿の湯」もあります（入浴料４００円）。こちらは観光客の利用が多くないので、大きな湯船にのんびり浸かれます。湯は同じなので、観光目的でない場合には、こちらを選択する手もあるでしょう。また、その隣では、新しい外湯「飛鳥《あすか》乃《の》湯泉《ゆ》」の建設が進められています。２０１７年９月26日オープンとのことなので、本書が発行される頃には多くの人々でにぎわっていることでしょう。道後温泉の楽しみが、またひとつ増えそうです。

椿の湯のほうが湯船が大きく、洗い場の数も多い

道後温泉本館近くの「おいでん家」で、「松山あぶり鯛めし」を（1500円）

天平年間に造られた、日本最古の湯釜（道後公園）

松山駅

松山温泉「喜助の湯」

雷鳴轟く？ ２種の泉質を楽しめる都市型日帰り温泉

ＪＲ予讃線松山駅から徒歩１分　☎089－998－3300

松山市は、四国でもっとも人口が多い街です。にもかかわらず、ＪＲ松山駅はそれほど規模が大きくなく、周辺の街並みもさほどにぎやかではありません。それもそのはず、松山市の中心市街地は松山駅から少し離れたところに開けていて、最寄り駅は伊予鉄道の松山市駅になるのです。そのため玄関口の松山駅と中心地の松山市駅をつないでいる伊予鉄道市内線（路面電車）は重要な役割を担います。伊予鉄道の松山駅前駅は広いプラットホームを有し、乗降客数の多さがうかがえます。もちろん、道後温泉へ向かう観光客も多く利用します。夜になると、乗り場表示のネオン管が煌びやかに灯され、独特な情緒を生み出しています。

娯楽施設の少ない松山駅周辺でもっともにぎわっているのは、ＪＲ松山駅から見て伊予

このネオン管に旅の魅力を感じるのは、私だけではないだろう

「２号泉」が注がれる主浴槽。pH9.4のアルカリ泉（写真提供：松山温泉「喜助の湯」）

鉄道乗り場の裏手にある「キスケＢＯＸ」です。ゲームセンターやボウリング場などの施設が入っており、ビル内には「駅前より多いのではないか」と思うほど多くの人々が歩いています。このビルの１階に、日帰り温泉「喜助の湯」があります。入浴料は、６００円。都市型の大規模施設にしては、割安に感じる設定。湯量の豊富さがうかがえます。

この施設の最大の特徴は、泉質の異なる源泉を２本持ち、浴槽によって使い分けているということです。１号泉は、含弱放射能‐ナトリウム‐塩化物泉。保温効果が高く、少しキチキチした肌触りの湯でした。主に「信楽壺の湯」や「炭酸の湯」に注がれています。２号泉は、滑らかなアルカリ性単純泉。主浴槽の「椿の湯」に注がれています。どちらも個性がある湯なのですが、私がとくに気に入ったのは「炭酸の湯」。天然温泉に人工的に炭酸を溶け込ませた浴槽で、体を沈めると細かい気泡が体中にまとわりつきます。一番風呂に入ったような気分を、いつでも味わえるのです。

そして面白かったのが、露天風呂。高い壁と天井に囲まれていて開放感はないものの、外気を取り込むことでひんやりとして、長湯向きです。そして、露天風呂に浸かっていると、絶えず上方から遠雷のような音が轟いてくるのです。階上にあるボウリング場の投球音でしょう。これも、都市型の施設ならではの演出と言えるかもしれません。

湯上がりには休憩室や仮眠処、レストランなどもあるのですが、混雑が激しかったので早々に退散し、ビル内にある立ち食いうどん・そば店「かめや」で「かけそば」（340円）に「じゃこ天」（110円）をトッピングしていただきました。全国の駅そば店をめぐっている身としては、この店を見つけたことがうれしくてうれしくて。つゆはちょっと甘口で、そばには合うけれどうどんには合わないのではないかと感じました。しかし、翌日に再度訪れて食べた「天ぷらうどん」（550円）には別のつゆが使われていてびっくり。手をかけていますね。

ビルの外でも、2号泉の感触を確かめられる

そばに竹輪を3つのせる店は珍しい

なお、JR予讃線今治駅前には姉妹店舗の「キスケのゆ」があります（取材時には改装工事中のため利用できず）。松山駅前とは泉質が違うので、入り比べるのも一興でしょう。

久米駅

東道後温泉「久米之癒」

混雑激しい庶民派温泉。「寝転び足湯」は譲り合って

伊予鉄道横河原線久米駅から徒歩3分　☎089-970-1126

　松山市駅から郊外電車で5駅目の久米駅を出ると、目の前に2枚の看板が並んで掲げられています。右の看板には「東道後温泉 久米之癒《くめのゆ》 徒歩3分」と、左の看板には「東道後のそらともり 徒歩3分」と。なんという罪な並べ方でしょうか。2軒の駅チカ温泉が、駅舎を挟んで対峙しているのです（姉妹関係にある同グループの施設）。

　ふたつの施設は、性格が少々異なっています。「久米之癒」は、入浴料450円の庶民派温泉銭湯。いっぽうの「そらともり」は、入館料1080円と高めの設定ながら広々とした空間でのんびり過ごせ、宿泊利用も可能（深夜料金別途必要）なリラクゼーション志向の施設です。用途によって使い分けるのがよいでしょう。今回はサッとひと風呂浴びたい気分なので、踏切を渡って久米之癒へ向かいます。

昼下がりの比較的空いていると想定した時間帯だったのに、格安料金で露天風呂やサウナまで楽しめるとあって、たいへん混雑していました。脱衣所のロッカーや洗い場は、充分な数を備えてあるので安心です。しかし、露天風呂の片隅にあるゴザの上に横になりつつ足先だけ湯に浸せる「寝転び足湯」は、常に空きを待つ人がいる状態。私も30分ほど待って利用してみると、この後の予定をすべてキャンセルしたくなるほど快適で、「あと5分、あと3分」と未練がましくゴザにしがみついてしまいました（混雑時には譲り合いましょう）。

少しアルカリを感じる泉質も、申し分なし。ロビーでは軽食も提供しています。この充実ぶりには、ワンコインでの利用が少し後ろめたく思えてしまったのでした。

渋いコインランドリーを併設

露天風呂は、源泉かけ流し（写真提供：東道後温泉「久米之癒」）

松丸駅

滝が流れる温泉で、ホビートレインを覗き見る

大門温泉「森の国ぽっぽ温泉」

JR予土線松丸駅構内　☎0895-20-5526

松丸駅から徒歩3分。広見川の向かいにある、淡水魚水族館を併設した道の駅「虹の森公園まつの」。ここで水族館の魚を飼育するために地下水を掘削したところ、温泉成分の濃い冷鉱泉を掘り当てました。魚の飼育には向かないため、浴用に切り替えてオープンしたのが、松丸駅の2階にある駅ナカ温泉「森の国ぽっぽ温泉」です。

宇和島駅から予土線で約50分の松丸駅に降り立つと、駅舎内外に吊るされた、おびただしい数の風鈴に驚かされました。駅舎が吹き抜けになっていて、駅前通りから裏手の河川敷まで風が通るので、リリリン、カラリンと、常に涼やかな音が響き渡っています。松丸駅がある松野町はガラス工芸が盛んで、毎年夏に、地域の小学校の児童たちがしたためた俳句とともに、風鈴を吊るして駅舎を彩るのです。訪問したのは気温が35度に迫ろうかと

いう暑い日でしたが、風鈴の音が少しだけ暑さを和らげてくれました。駅舎に併設された無料の足湯に浸れば、「リリリン、カラリン」がいっそう情緒を増します。

　入浴料は、５１０円。駅ナカ温泉としては珍しい、開放的な露天風呂を備えています。泉質は、刺激の少ないアルカリ性単純泉。東西に配置された浴室は、それぞれ「滑床《なめとこ》の湯」「明治《あけはる》の湯」と名付けられ、風情がまったく異なります。私が以前に入湯したのは「明治

俳句のレベルも、なかなか高かった

大人でもワクワクする「ぽっぽのまど」

駅舎２階の展望テラス（入場無料）からホームと列車が見える

の湯」で、町内にある造り酒屋の仕込み樽をイメージした露天風呂が印象的でした。今日は、「滑床の湯」が男湯。男湯・女湯は日替わり（偶数日・奇数日で変わる）になります。

２０１６年春にリニューアルを実施し、露天風呂には「ぽっぽのまど」が設置されました。これを開けると、予土線を走る列車を覗き見ることができます。壁の上から線路を眺めることができない子どもたちにも景色を楽しんでもらおうと考えて設置したのだそうです。小窓から列車が見えるのは、10秒くらいの間。窓を開けるタイミングを合わせるのが少々難しいです。私が入浴している間にもホビートレイン「しまんトロッコ２号」が発着したのですが、走行音を聞きつけ慌てて湯船から出て小窓を開けるも間に合わず、壁の上から眺めることになりました。小窓の脇には予土線の時刻表が掲示されているので、少し早めに小窓の脇で待機して、うまくタイミングを合わせましょう。予土線は、「しまんトロッコ〈長男〉」「海洋堂ホビートレイン〈次男〉」「鉄道ホビートレイン〈三男〉」の予土線３兄弟が走る路線。事前に調べずに訪れても、高確率でホビートレインに出会えます。

低温の源泉を浴用に温めているのは、薪ボイラー。薪は、地域の山林から出た間伐材を有効利用しています。町のガラス工芸も多くはリサイクルガラスを利用しており、資源循環の精神が根付いている街なのだなと感じました。

「滑床の湯」には、滑床渓谷にある「雪輪の滝」をイメージした人工滝がある

ボイラーマンは、まさしく縁の下の力持ちだ

コラム④　復活待たれる、南阿蘇の駅ナカ温泉

本書に掲載したかったのだけれど残念ながら掲載できなかった駅ナカ温泉が、南阿蘇鉄道・阿蘇下田城ふれあい温泉駅にあります。南阿蘇鉄道は2016年の熊本地震で被災し、トンネルや鉄橋が損傷したほか、線路に大量の土砂が流れ込みました。路線の一部（中松～高森間）はすでに復旧・運転再開していますが、被害が大きかった立野～中松間はまだ復旧のめどが立っていません。

2017年7月に、約2年ぶりに阿蘇下田城ふれあい温泉駅を訪れました。1年以上にわたって列車が発着していない駅舎にはビニールシートが被せられ、見るのもしのびない有様でした。ホームには、余震で落ちたとみられる瓦などが散乱していました。線路は、伸び放題の雑草に埋もれてしまっています。ホームには、大きな地割れが走っていました。駅舎は今にも柱が折れそうで、かろうじて倒壊を免れたという印象。線路だけでなく、駅設備の復旧もかなり大がかりなものになりそうです。

駅舎は、建て直すことになるか

小ぢんまりとした内湯の浴槽がひとつあるだけの駅ナカ温泉では、換気窓を少し開けると列車が発着する音が聞こえて、下校途中の高校生たちがキャッキャとじゃれ合う声も聞こえて、確かな街の息吹が感じられたものです。少しでも早く復旧して、また元気な姿を私たちに見せてくれることを、切に願います。

第7章

九州

源じいの森駅

源じいの森温泉「源じいの森温泉」

鉄道遺産と併せて楽しむ、贅沢な造りの日帰り温泉

平成筑豊鉄道田川線源じいの森駅から徒歩5分 ☎0947-62-2851

平成筑豊鉄道田川線に源じいの森駅が設置されたのは、1995年のこと。周辺一帯に広がる自然公園「源じいの森」へのアクセス駅として開業しました。私は当初、「源じいの森」という字面から、森に住む仙人のような「源爺さん」を想像していました。しかしその真意は、付近に生息する「ゲンジボタル」と、赤村の村花である春蘭《しゅんらん》の地域呼称「じいばば」、そして村域の大半を占める「森林」から名付けられたものです。

源じいの森には、見どころがたくさんあります。キャンプ場や石坂渓谷での川遊びなどのアクティビティのほか、九州最古の鉄道トンネル「石坂トンネル」、格安で利用できる宿泊施設、そして日帰り温泉「源じいの森温泉」などがあります。

鉄道ファンが訪れるなら、石坂トンネルはぜひ見ておきたいスポットです。石坂トンネ

石坂トンネルに入ってゆく単行列車

一部屋根がかかっているので、雨天日でも安心

ルは、ドイツ人技師を顧問に招いて、豊州鉄道として開業した1895年に完成したレンガ積みのトンネルで、ほぼ完全な建設当時の姿を現在に残しています。将来の複線化を見据えて複線断面で建設されたため、単線のトンネルにしてはとても広く感じます。近くには同じく1895年完成の内田三連橋梁をはじめ、明治期の鉄道遺産が多数あるので、列車に乗るだけでなく、沿線をつぶさに見て歩くのも楽しいものです。

温泉施設は、駅を見下ろす丘の中腹にあります。入浴料は600円ですが、平成筑豊鉄道を利用し、乗車証明書を提示すると100円引きになります。館内は少し風変わりな造りで、受付の先で通路が左右に分かれ、中庭を囲む回廊がめぐっています。この回廊を時計回りに回ると、レストラン、家族風呂、大浴場、大広間入口、個室休憩室、喫煙室。そして受付棟に戻ってきます。中庭を設けるためには広大な土地が必要になるので、たいへん贅沢な造りだと言えます。

浴室はなかなか広く、大きな露天風呂も完備しています。森の中にある施設なので、露天風呂には木々の葉や虫などが頻繁に落ちてきます。それを、常備されている虫取り網を使って、入浴客が掬い出すのが慣例になっています。最初は「面倒だな」と思っていましたが、いざやってみると凝ってしまい、虫取り網を持ったまま湯船の中を行ったり来たり。ひとつ残らず掬い取らないと気が済まなくなります。30分くらい網を持ってウロウロしていたでしょうか。立って歩けば半身浴に近い状態になりますので、のぼせた体を冷やす意味でも気持ちがいいです。泉質は、癖のないアルカリ性単純泉。アルカリ泉はヌメヌメした印象の湯であることが多いですが、ここはサラサラした肌触りでした。

風呂上がりには、中庭にある大広間棟でひと休みしてから、レストラン「星垂《ほたる》」へ。具だくさんの「源じいちゃんぽん」（700円）をいただきました。食べごたえのある太麺に、クリーミーなのにあっさりしたスープ。そして、野菜などをどっさりのせます。麺よりも具材のほうが多いと感じるくらいでした。野菜をたくさん摂れるのでヘルシー志向の女性にオススメなのはもちろんですが、ボリューム感もあるので、成人男性でも充分な満足感を得られる一杯でした。

大広間には、華やかな七夕飾りが

豚肉や海鮮食材の旨味も利いている

相良藩願成寺駅

人吉温泉「相良藩願成寺温泉」

意外な場所で出会った、昭和レトロの雰囲気漂う名湯

くま川鉄道相良藩願成寺駅から徒歩3分　☎0966-24-6556（食事処「相良藩 田」）

熊本県南部の人吉温泉駅と湯前《ゆのまえ》駅を結ぶ、くま川鉄道。沿線には、縁起のよい駅として有名なおかどめ幸福駅をはじめ、観光スポットがたくさんあります。観光列車も走っているので、立ち寄り感覚ではなく、旅の目的地として予定を組んでも充分に楽しめます。

そのくま川鉄道で人吉からひと駅、相良藩願成寺《さがらはんがんじょうじ》駅の近くに、味わい深い温泉銭湯があります。１９５７年にオープンして以来、何度かリニューアルはしているものの、建物自体は建て替えることなく、昭和中期の面影を色濃く残しています。

入浴料は、驚きの２００円。脱衣所には間仕切りがないので、ロビーで地元のお年寄りが談笑する声がまるまる聞こえる場所で全裸に。見えるわけではないのですが、ちょっと恥ずかしさを覚えます。脱衣所と浴室の間仕切りは、格子の入ったガラスの引き戸。乱暴

に開け閉めすると割れてしまうのではないかと心配になるほどガラスが薄く、時代を感じさせます。

換気のよい浴室には、ひょうたんのような形をした湯船が鎮座していました。湯は、薄く緑色がかっているように見えます。注ぎ口からは、ゴボッゴボッと間歇泉のような音をたてて、勢いよく湯が注がれています。ひと目見て分かる、源泉かけ流しです。身を沈めると、温泉成分を強く感じます。強い鉱物臭も鼻を突きます。長湯をすると湯あたりしそうな、重たい湯です。湯上がりに肌がモチッとしたので、ナトリウムが多く含まれているのでしょう。

レトロな温泉銭湯でのひとつ風呂は、金額には表せない贅沢さを感じるひとときでした。

脱衣所には、常連客の風呂道具が置いてある

手前が浴用で、奥はかかり湯

別府駅

♨

別府温泉「駅前高等温泉」
「おんせん県」を代表する、気品漂う外湯

JR日豊本線別府駅から徒歩2分　☎0977-21-0541

「おんせん県」を名乗る、大分県。その中心にあるのが、日本一の源泉数と湧出量を誇る別府温泉です。外湯として有名なのは、駅前通り沿いにある「駅前高等温泉」です。しかし、そのほかにも多数の公共浴場があり、訪れるたびに「今回はどこの湯に浸かろうか」と頭を悩ませます。

外湯探訪の前に、まずは腹ごしらえから。国内外を問わず観光客が多く訪れる温泉地だけに、駅ナカ・駅チカに魅力的な飲食店も多数あります。ガード下の「べっぷ駅市場」は、狭い通路を挟んで左右に惣菜店や鮮魚店などが建ち並び、東京の「アメヤ横丁」を彷彿とさせる雰囲気。惣菜などを買ってホテルで食べるなら、ここが断然オススメです。しかし、今回は日帰りでの湯めぐり。買って帰って食べるものではなく、イートインができるとこ

ろを希望。

　改札を出て正面の駅ナカモール「B-Passage」には、多くの飲食店が入っています。別府冷麺、とり天、だんご汁。大分県の郷土料理や県産食材を使ったメニューを扱う店が多く、目移りしてしまいます。そのなかで私が今回利用してみたのは、フードコートスタイルで大分県のご当地グルメを手軽にサッと食べられる「なつま屋」です。

ちょっと古びた雰囲気が、いっそう魅力的に感じる

日田焼そば（左）と、別府冷麺（右）

　なつま屋は、別府が発祥地とされるとり天の専門店。さらに、別府駅店では別府冷麺や日田焼そばなどのご当地麺類も扱っています。いずれも648円という手ごろな価格でいただけます。

　別府冷麺は、キャベツキムチと牛肉のチャーシューを使い、冷たいつゆをたっぷり注ぐのがポイント。キムチの酸味が爽やかな涼感を演出するので、夏場にぜひ食べたいメニューです。一方の日田焼そばは、多めの油を使って揚げ焼きにするので、かた焼きそばに近い食感になります。豚ばら肉の旨味やシャキシャキ野菜とのコンビネーションで、満足感を高めます。2本のヘラを巧みに操る調理シーンを眺められるのも、フードコートスタイルの簡易的な飲食店ならではの魅力。

お腹が落ち着いたところで、外湯の王道・駅前高等温泉へ。風呂には入らなくても、写真を撮る（自撮りが多い）ためにほとんどの観光客が足を止める建物は、蓄音機からやわらかなクラシック音楽が聞こえてきそうな、大正浪漫を感じさせる洋館風の造り。道後温泉本館とはまた違った意味で、オンリーワンの迫力があります。

ガラスの引き戸を開けて入り、脇の券売機で買った入浴券を番台に出します。すると、受付のチャキチャキお姉さんが「あつ湯とぬる湯、どちらにしますか?」と尋ねてきました。おや、システムが変わりましたね。以前に来たときには、100円の並湯と300円でタオル付きの高等湯に分かれていました。現在は、旧並湯が「あつ湯」に、旧高等湯が「ぬる湯」になり、入浴料はどちらも200円になっています。

前回来たときには高等湯、つまり現在のぬる湯に入ったので、今回はあつ湯に入ると告

1924年築の建物は、まさに威風堂々

小さな浴室なのに、閉塞感がまったくない

げると、お姉さんは「たぶん熱すぎて入れないと思うよ。ぬる湯にしておいたほうがいいんじゃない？」と助言してくれました。それでも、私はまだ入ったことがない旧並湯に入りたかったので、制止を振り切ってあつ湯へ。するとお姉さんは、「本当はダメなんだけど、今は誰もいないから、これ使っていいよ」と、水栓のカギを渡してくれました。これは心強い。うめるつもりはありませんでしたが、お守りのような感覚で借りました。

脱衣所から階段を下りたところにある、浴室へ。脱衣所と浴室の間に間仕切りがない、珍しい造りになっています。天井が高い浴室内には、半円形の浴槽がひとつ。45度以上ありそうな熱い湯がなみなみと注がれ、常にあふれ出ています。足先から五臓六腑まで全身がしびれるほど熱いのですが、きめ細やかでさらりとした、シルクのように上品な泉質でした。ものすごいインパクトがあるわけではありませんが、とてもやさしい肌触り。だからでしょうか、水でうめてしまうのがもったいなく感じ、水栓のカギは使わずに耐えきりました。良泉の魅力がしっかり感じられ、別府温泉の名湯たるゆえんを肌で感じることができました。なお、ぬる湯（旧高等湯）も脱衣所から階段を下りたところに浴室がある造りで、こちらには湯船がふたつあります。片方はロフト状になった脱衣所の真下にあり、洞窟風呂のような雰囲気を楽しめます。

階上には広間と個室があり、休憩室として利用できる（2時間１１００円）ほか、簡易宿泊も可能です。広間なら１６００円で一夜を過ごせるため、バックパッカーを中心に旅行者の間で人気を集めています。私もバックパッカー寄りの旅人なので、いつの日か宿泊利用してみたいものです。

別府駅周辺には、駅前高等温泉のほかにも多数の公共浴場があり、いずれも１００円程度で入浴できます。施設ごとに雰囲気が異なり、また泉質にも違いがあるので、めぐればめぐるほど別府温泉の懐の深さを痛感します。充実した設備と清潔感を望むなら海門寺公園の脇にある「海門寺温泉」が、外湯めぐりの上級者には春日通り沿いにある「春日温泉」がオススメです。

海門寺温泉前の「湯かけ地蔵」

浴室と脱衣所が一体化している「春日温泉」

京町温泉駅

京町温泉「華の湯」

地域住民に育まれる、心安らぐ癒しの湯

ＪＲ吉都《きっと》線京町温泉駅から徒歩３分　☎０９８４‐３７‐１０８８

駅を出ると、正面に温泉旅館「あわじ荘」がある京町温泉。私が訪れたのは、宿泊客が出払っている正午頃。最初に私の目に飛び込んできたのは、軒先でたくさんの座布団を天日に干している、長閑な光景でした。太陽が傾き始める頃には、これらの座布団を全部取り込んで、新たな宿泊客を迎えるための準備で大忙しになるのでしょう。

京町温泉は、それほど大きな温泉街ではありません。しかし、駅前通りから右に折れると、昭和の面影を色濃く残したゲートが立ち、その先には温泉宿や飲食店などが連なっています。こちらも、昼時には1軒だけあるラーメン店を除いて閑散としていましたが、夕方にはきらびやかなネオンサインが灯るのでしょう。

いっぽう、駅前通りから左に折れると「華の湯」があります。温泉街の中心部から少し

外れているため、静かで落ち着いた雰囲気に包まれています。観光客よりも、近隣住民が日常的に利用していそうな施設です。居合わせた人々も地元のお年寄りが中心で、建具や備品などをていねいに扱っていたのが印象的でした。

入浴料は、400円。L字型をした大きな主浴槽に加えて、ジャグジー、サウナ、水風呂、そして小さいながら露天風呂もあります。泉質はアルカリ性単純泉で、アルカリ泉に特有のツルッとした肌触りよりも、少し硫黄を含んだような鉱物臭のほうが印象に残りました。

観光客が多く訪れる施設のような華やかさはありませんが、このような地元の人々に愛され育まれている浴場には、雰囲気だけで心が安らぐ癒しの効果があるものです。

各温泉施設に、バス停のような表示がある

採光充分で明るい浴室

吉松駅

吉松温泉「吉松駅前温泉」

観光列車に駅前SL。観光ついでに日帰り温泉へ

JR肥薩線ほか吉松駅前　☎0995-75-2026

ＪＲ肥薩線と吉都線が接続する吉松駅は、多くの鉄道ファンが訪れる人気スポットです。あまり便がよくないにもかかわらず、駅周辺にはカメラ片手の観光客がたくさん歩いています。観光列車「いさぶろう・しんぺい」「はやとの風」の始発・終着駅であり、駅前に入場無料の鉄道資料館（観光ＳＬ会館）やＳＬ車両展示などがあるためです。

ＪＲ九州は、観光列車を積極的に投入しています。その知名度を飛躍的に高めたのは、日本初のクルーズトレイン「ななつ星in九州」です。しかし、「いさぶろう・しんぺい」はそれよりも15年以上前の１９９６年から走っているのです。ちなみに、列車名は下り（吉松方面行き）が「いさぶろう」、上り（熊本・人吉方面行き）が「しんぺい」と分かれていますが、車両は同じです。

「いさぶろう・しんぺい」は、当初は人吉〜吉松間を往復していました。しかし、好評を得て、現在は熊本まで延伸しています。熊本〜人吉間は特急なので特急料金が必要ですが、人吉〜吉松間は普通列車として運行しているため、乗車券のみで乗れます。なんと、青春18きっぷでも乗れるのです。ただし、大半が指定席なので、青春18きっぷだけで乗る場合にはベンチシート（6〜7席のみ）になります。レトロ調のボックスシートを楽しむ場合には、指定席券が必要です。

吉松駅で発車を待つ「しんぺい4号」

絶景スポットでは、速度を落として運転する

人吉〜吉松間では各駅で長めの停車時間を設け、列車から降りて駅舎などを見て回ることができます。また、車内にアテンダントが乗務し、気の利いたアナウンスで乗客を楽しませてくれます。個人的には、真幸《まさき》駅で列車の発着に合わせて物産品を販売していた

地元の人々が、満面の笑みで、両手を大きく振って見送ってくれたことが一番印象に残りました。すっかり寂れてしまっていた肥薩線に観光客が戻ってきたことを、心から喜んでいるように見えたのです。

観光列車、ＳＬ展示、鉄道資料館。鉄道にまつわる観光要素が多い吉松には、駅の真正面に日帰り温泉施設「吉松駅前温泉」もあります。民家風の建物で、側面の壁に「ゆ」と書かれた大きな看板が出ています。「いさぶろう」などに乗って沿線観光を楽しみ、終着の吉松駅前でＳＬ展示や鉄道資料館などを見学して、お腹が空いていれば併設された「ぽっぽ亭」で食事を済ませ、仕上げに温泉で汗を流す。これが、吉松観光の黄金コースではないでしょうか。

入浴料は、格安の２５０円。温泉街の外湯並みの料金で、気軽に湯を楽しむことができます。駅前を闊歩する観光客は、入浴するための用意がないのでしょうか、あまり利用していないように見えました。観光客の間では、まだ吉松駅前に日帰り温泉があるという認識が根づいていないのかもしれません。たいへん良質な温泉なので、ぜひ観光とセットで楽しみたいところです。

浴槽はあつ湯とぬる湯に分かれていて、ぬる湯のほうが私好みの温度（42度くらい）で

奥があつ湯、手前がぬる湯

す。泉質は、足先を浸しただけで分かるアルカリ性単純泉。ツルツルした肌触りで、上がった後に肌がスベスベになります。絵に描いたような「美人の湯」です。湯量も豊富で、4人分ある洗い場の蛇口やシャワーからも、水道水ではなく温泉が出てきます。浴槽はもちろん源泉かけ流しで、客がいようがいまいが、湯船からは常に湯があふれ出ています。

上がった後には、うれしいサプライズが待っていました。ニコニコと微笑む女将さんが、キンキンに冷やした温泉水をサービスしてくれたのです。水道水のイガイガ感がまったくない、やわらかくて少し甘みを感じる温泉水。吉松温泉は、肌にも喉にもやさしく、加えて女将さんまでやさしい名湯なのでした。

あとがき

シャンプーハットが私の頭から外れたのは、小学校3年生か4年生くらいだったろうと思います。3歳か4歳のときに千葉県御宿《おんじゅく》町のプールで溺れた経験を持つ私は、水や湯に浸かることがあまり好きではありませんでした。親に連れられてスーパー銭湯に行っても、浴室にいる時間よりもゲームコーナーにいる時間のほうが長かったものです。家族で温泉旅行に出かけても、車に乗って1時間と経たないうちに乗り物酔いでダウンしました。

小学校の水泳授業も、なんだかんだと理由をつけて休んでいました。耳鼻科検診で鼻炎と診断されるとプールに入らずに済む（プールサイドでの見学になる）ということが分かった私は、検診前にやたらと鼻をほじって鼻炎を引き起こそうとしました。首尾よく鼻炎診断を得られなかった場合には、体温計を操作して微熱があるように見せかけました。おかげで、最近のデジタル式のものは別として、当時の水銀柱の体温計であれば35度から42度まで、意のままの測定結果を出せるという妙な特技を身につけてしまいました。

そんな私が温泉に興味を抱くようになったのは、大学時代でした。車の運転免許を取得して長距離ドライブの楽しさに目覚め、数日間、長いときには2週間ほどにわたって、国内をひたすら走り回る旅に出るようになりました。時間もお金ももったいないので、宿にはまったく泊まらず、すべて車中泊。入浴する間も惜しんで車を走らせていました。しかし、それが何日も続くと頭も体もむず痒く、運転に集中できなくなります。そこで、2～3日に一度、サッと短時間で入浴できる日帰り温泉施設に立ち寄るようになったのです。どうせ入るのなら名のある温泉地がいいなと思い、全国各地の高名な温泉地を回りました。お金がないので、安く済ませられる外湯を中心に選びます。50円や100円、さらには無料で入れる施設を見つけると、まるで金鉱脈を見つけたかのように喜びました。そしていつしか、手軽に入浴できる日帰り温泉浴場を探すことが旅の目的のひとつになっていったのです。私が温泉好きになったのは、いわば本末転倒した結果なのでした。

本書執筆にあたっては、経験や過去の雑誌記事などをもとに、事前に駅ナカ・駅マエ・駅チカの温泉施設をリストアップし、そのなかから独断で57か所を選び、改めて入浴して回りました。もしかすると、読者のなかには「どうしてこの施設が入っていないんだ!」と思われる方もいるかもしれませんが、取捨選択は私の個人的な好みによるところが大きいですし、ページ数の都合もあります。さらには、施設の性格上、浴室内は無断で写真撮影ができず、許可取りが必要になるケースが多いものです。浴室内撮影を申請したものの許可がとれず、掲載を断念した施設もあります。そのような事情もご理解いただければ幸いです。なお、近年では浴室内の無断撮影はもちろん、浴室内でのカメラ・スマートフォン・携帯電話など写真撮影ができる機器の使用・操作自体を禁止する施設が多くなっています。客同士でのトラブルを防ぐのが目的です。今回の取材を通じて施設スタッフから聞いた話のなかにも、「目立つように貼り紙を出しているのに、無遠慮に写真を撮る人がいて困る」といった話が多くありました。気持ちは分かるのですが、禁止されている施設では自粛し、禁止されていなくても番台にひとこと申し出る、先客の承諾を得るなど、配慮を欠かさないようにしたいものです。

麺類を中心としたグルメをテーマにした著作が多かった私にとって、本書の執筆は苦労する部分も多くありました。もっとも大変だったのは、「話題の削減」。著作実績のないテーマで一冊書くのですから、「果たしてこれだけの取材成果で200ページを確保できるだろうか」と不安になり、温泉施設そのものだけでなく周辺の情景やグルメ、鉄道についても取材しました。その結果、取材メモはノート2冊分に膨らみ、執筆の段になると逆に「ページが足りない！」という事態に陥ったのです。もう1か所外湯に入ったけど割愛、ご当地グルメをいただいたけど割愛、風景写真をたくさん撮ったけど割愛と、割愛割愛割愛の連続。これらについては、いつか日の目を見るよう、今後の執筆活動の肥やしにしていきたいと思います。

末筆になりましたが、例によって原稿締め切り間際に慌ただしくなってしまったなか、夜遅くまで編集作業にあたっていただいた交通新聞社の編集スタッフの皆様に、御礼申し上げます。また、お忙しいなか、取材活動にご協力賜りました各温泉施設のスタッフの皆様に、深く御礼申し上げます。必ずしもお望みどおりの記事にはなっていない部分もあるかと思いますが、少しでも温泉人気を支えることにつながれば、筆者としてこれ以上の喜びはありません。そしてなによりも、つたない文章に最後までお付き合いくださった読者の皆様に、心より御礼申し上げます。今後も、旅の新たな魅力を発掘するようなテーマを求めて日々取材を続け、より魅力ある作品を世に送り出していきたいと考えておりますので、引き続きどうぞよろしくお願い申し上げます。

道後温泉本館・霊の湯２階休憩室にて

鈴木弘毅（すずきひろき）
1973年、埼玉県生まれ。中央大学文学部卒業。駅そば、道の駅、スーパー、日帰り温泉など、旅にまつわるさまざまなB級要素を研究し、独自の旅のスタイルを提唱、雑誌などに情報を寄稿する「旅のスピンオフ・ライター」として活動。これまでにめぐった駅そば店（駅周辺を含む）は約2800軒、日帰り温泉は約500軒。著書に、『東西「駅そば」探訪』『ご当地「駅そば」劇場』『鉄道旅で「道の駅“ご当地麺”」』（交通新聞社）、『愛しの富士そば』（洋泉社）など。

交通新聞社新書114
駅ナカ、駅マエ、駅チカ温泉
鉄道旅で便利な全国ホッと湯処
（定価はカバーに表示してあります）

2017年10月16日　第1刷発行

著　者——鈴木弘毅
発行人——横山裕司
発行所——株式会社　交通新聞社
http://www.kotsu.co.jp/
〒101-0062　東京都千代田区神田駿河台2-3-11
NBF御茶ノ水ビル
電話　東京（03）6831-6550（編集部）
東京（03）6831-6622（販売部）

印刷・製本—大日本印刷株式会社

ISBN978-4-330-82817-6